CHEMINS DE FER

MÉMOIRE

SUR LA

MARCHE A CONTRE-VAPEUR

DES MACHINES LOCOMOTIVES

NOTICE HISTORIQUE

Par M. LE CHATELIER

Ingénieur en chef des mines.

PARIS

IMPRIMERIE ADMINISTRATIVE DE PAUL DUPONT

41, RUE JEAN-JACQUES-ROUSSEAU (HOTEL DES FERMES).

1869

INTRODUCTION

Je me suis proposé dans ce mémoire de faire un exposé complet de la question de la marche à contre-vapeur des machines locomotives. — J'ai eu récemment l'occasion d'examiner les résultats obtenus sur les divers réseaux français, et j'ai pu achever moi-même par des expériences directes l'étude des moyens que j'avais proposés, lorsque j'ai fait commencer en 1865, sur le chemin de fer du Nord de l'Espagne, une série d'expériences ayant pour but de résoudre les difficultés pratiques qu'offrait le renversement de la vapeur. — Je crois donc être en mesure de faire connaître exactement les bases sur lesquelles repose cette application nouvelle des organes de la machine locomotive.

Je devrais me borner à indiquer l'artifice auquel on a recours pour prévenir les inconvénients connus du renversement de la vapeur, et qui se réduit à une injection d'eau permanente dans les cylindres, à décrire les applications faites et les résultats obtenus, et à présenter mes conclusions sur le meilleur mode d'emploi.

Mais, depuis peu de temps, des doutes ont été émis sur la réalité même de l'influence que mon intervention aurait exercée relativement à la solution du problème; il a été affirmé que cette intervention s'était bornée à demander l'essai d'une modification ou d'une simplification du système de frein à air comprimé de M. de Bergue, en cours d'expérimentation sur le chemin de fer de l'Ouest, et que la solution acquise et appliquée différait essentiellement, par le principe et par le mode de construction, de ce que j'avais proposé.

Cette affirmation étonnera sans aucun doute les ingénieurs qui ont appliqué le système nouveau de contre-vapeur, et qui ont pu juger par eux-mêmes de la complète identité entre les moyens que j'avais indiqués et ceux qui ont été mis en œuvre.

Il n'y a là, à mon sens, qu'un malentendu, ou qu'une série de malentendus; mais le fait n'en a pas moins pris de l'importance et, comme je tiens avant tout à établir que je n'ai usurpé les droits de personne, je suis obligé de présenter une réfutation complète des allégations qui ont été produites; je saisirai donc, dans le texte, les occasions qui se rencontreront pour faire ressortir ce que j'ai proposé ou ce que j'ai fait, et je placerai, dans une annexe, avec les pièces justificatives les plus essentielles, un exposé historique des phases par lesquelles la question a successivement passé, en faisant les rapprochements et en fournissant les explications nécessaires pour donner aux documents ou aux faits leur véritable signification.

Aucune réclamation de priorité ne s'est produite jusqu'à présent relativement à l'intervention de la vapeur pour empêcher l'entrée des gaz de la combustion dans les cylindres des machines locomotives, et à l'injection de l'eau pour prévenir leur échauffement, pendant la marche à vapeur renversée. — Il n'existe, à ma connaissance, qu'une combinaison mécanique offrant quelqu'analogie quant au principe appliqué, mais ayant un but différent; c'est la nouvelle machine à gaz de M. Hugon, dans laquelle une petite injection d'eau a lieu au moment de l'inflammation du mélange explosif. Cette eau ne contribue pas seulement, par la vapeur qu'elle forme, à améliorer les conditions du travail moteur; elle concourt en outre, avec celle qui circule dans l'enveloppe du cylindre, à abaisser la température des gaz évacués. Le premier brevet pris par

M. Hugon, pour cette modification de la machine à gaz est du 15 septembre 1858.

Paris, le 5 mars 1869.

CHEMINS DE FER

MÉMOIRE

SUR LA

MARCHE A CONTRE-VAPEUR

DES MACHINES LOCOMOTIVES

Objet du Mémoire.

Les machines locomotives sont construites et réglées de manière à pouvoir marcher avec une égale facilité dans les deux sens. Dès que l'arrêt d'un train a été obtenu par les moyens en usage, il suffit de renverser la position des tiroirs, à l'aide du mécanisme de changement de marche, pour que l'action de la vapeur fasse tourner les roues en sens inverse et imprime à la machine et au train un mouvement rétrograde.

Si c'est, au contraire, pendant que la machine est encore lancée en avant qu'on vient à renverser la position des organes de la distribution, celle-ci s'effectue à contre-sens du mouvement des pistons dans les cylindres.

Les pistons, au lieu d'être poussés par la vapeur, dont la pression se transmettait aux manivelles et entretenait ou accélérait le mouvement de rotation des essieux et des roues, sont au contraire pressés en sens inverse par la vapeur, et la pression qu'ils supportent réagit sur les manivelles, soit pour ralentir le mouvement de rotation et amortir la force vive dont le train est animé, soit pour détruire à chaque instant la composante accélératrice de la gravité si le train descend une pente.

Ce changement de sens de la distribution, qui lui donne la position de la marche en arrière, tandis que la machine marche en avant, est ce qu'on appelle le *renversement de la vapeur.*

On aurait dû trouver dans le renversement de la vapeur, si cette manœuvre n'avait pas présenté de graves inconvénients, et même une sérieuse cause de danger, un moyen puissant, soit pour gouverner la marche des convois à la descente des pentes d'une forte inclinaison, afin d'en modérer la vitesse, soit pour ralentir et pour arrêter aux stations, soit pour arrêter brusquement un train en cas de signal d'alarme ou de danger imminent. Mais les mécaniciens n'y avaient guère recours que dans ce dernier cas, et ils ne le faisaient qu'avec une hésitation et avec des difficultés qui rendaient ce moyen précaire et souvent illusoire.

En effet, dans les conditions anciennes, le renversement de la vapeur, s'il est opéré à fond et s'il se prolonge pendant un temps même très-court, détermine une élévation rapide de température dans les cylindres et dans la chaudière ; les pistons et les tiroirs grippent, les garnitures de presse-étoupes se carbonisent, les joints des couvercles des cylindres, des boîtes de tiroir et des tuyaux de prise de vapeur cessent de résister, la pression monte dans la chaudière et les soupapes soufflent avec violence. En outre le mécanicien est exposé, par suite du grippement des tiroirs, à des retours brusques du levier de changement de marche et à des accidents très-graves.

La solution du problème, consistant à faire du renversement de la vapeur une manœuvre courante et facile, a été obtenue en 1865-66 sur le chemin de fer du Nord de l'Espagne, à la suite des expériences que j'ai fait exécuter par les ingénieurs de cette ligne placés alors sous ma direction. Elle a été rendue définitive, au point de vue de l'application, par MM. Marié et Forquenot, ingénieurs en chef du matériel des deux compagnies de Paris à Lyon et à la Méditerranée, et de Paris à Orléans, qui ont fait leurs premiers essais avant la fin de l'année 1866, et qui, en se rapprochant plus complétement du programme que j'avais indiqué, ont été les premiers à obtenir des résultats satisfaisants dans toutes les circonstances du service.

M. Ricour, ingénieur des ponts et chaussées, qui s'était trouvé appelé, par ses fonctions d'ingénieur en chef du matériel et de la traction du chemin de fer du Nord de l'Espagne, à diriger les premiers essais, en a fait l'objet d'un mémoire qui a été publié dans les *Annales des mines*. M. Marié a exposé la question dans une note autographiée qu'il a mise à la disposition des ingénieurs qui l'ont consulté. M. Forquenot, dans une note manuscrite qu'il a communiquée à plusieurs de ses collègues, a fait connaître les renseignements recueillis en Espagne par un des ingénieurs de son service, et les premiers résultats de ses propres expériences. Enfin, différentes communications ont été faites à la Société des ingénieurs civils, et sont consignées dans les procès-verbaux de ses séances. Ces divers documents fournissent en partie les éléments propres à faire connaître les précédents de la question ; la notice historique, que j'ai été amené à joindre à ce mémoire, fera connaître en détail toutes les phases par lesquelles a passé la création du nouveau système.

L'artifice à employer pour remédier aux inconvénients du renversement de la vapeur est très-simple ; il consiste, en principe, à injecter d'une manière continue dans les cylindres une certaine quantité d'eau; celle-ci se réduit en vapeur, absorbe toute la chaleur dégagée par le travail de la compression et du refoulement dans la chaudière, et une partie de la vapeur formée, s'échappant par la cheminée, empêche l'introduction des gaz chauds ou de l'air extérieur.

Il y a deux conditions à remplir : l'une, essentielle, c'est le rafraîchissement incessant des cylindres, l'autre, en quelque sorte accessoire, c'est l'obturation du tuyau d'échappement pour empêcher les gaz non liquéfiables de pénétrer dans la chaudière et de faire obstacle au jeu régulier des alimentateurs Giffard. — Cette dernière condition n'est pas indispensable lorsque la machine est pourvue de pompes.

L'injection d'eau seule satisfait à toutes les conditions du problème, et paraît même nécessaire dans les cas extrêmes de travail à pleine admission ; on peut employer, lorsqu'on y est conduit par des motifs accessoires, un mélange d'eau et de vapeur, mais c'est à la condition de ne pas abuser de celle-ci, qui devient nuisible au delà de certaines proportions ; la vapeur peut à la rigueur être employée seule lorsqu'on n'a qu'un faible travail de résistance à créer, ou lorsqu'on veut se borner à constituer un appareil de sécurité pour arrêter accidentellement les trains.

On fait arriver à la base du tuyau d'échappement un tuyau fermé par un robinet à la main du mécanicien, de petit diamètre, qui conduit de la chaudière aux cylindres l'eau, celle-ci se transformant en une sorte d'émulsion par la diminution brusque de pression, ou la vapeur, ou un mélange d'eau et de vapeur ; dans ce dernier cas il y a deux robinets sur la chaudière et deux tuyaux qui se réunissent en un seul près de leur point de départ. Les pistons aspirent dans la capacité du tuyau d'échappement la vapeur plus ou moins chargée d'eau, et refoulent ensuite dans la chaudière la vapeur qui a été emprisonnée derrière le piston dans son mouvement rétrograde.

Lorsque j'ai songé à faire faire des essais, au mois de juillet **1865**, j'avais indiqué déjà le principe d'une injection de vapeur dérivée de la chaudière à la base du tuyau d'échappement. Après une expérience préliminaire sur l'emploi de l'air comprimé, qui avait montré l'impossibilité d'accomplir ainsi des parcours un peu longs, j'ai développé cette idée d'injection de la vapeur dans un programme plus complet, à la date du **19** septembre 1865 (1). J'en extrais textuellement ce qui suit:

---

(1) Voir aux pièces justificatives n° 4.

« *Il faudrait faire arriver à la base du tuyau « d'échappement un tuyau fermé par un robinet à la « main du mécanicien, de petit diamètre, dans lequel « la vapeur, étranglée à la sortie de la chaudière, se « dilatera, se refroidira et se condensera en partie.* »

« *Les pistons en aspirant pour refouler ensuite dans « la chaudière, trouveront dans le tuyau d'échappement « un mélange d'air et de vapeur humide, qui proba- « blement ne fera plus gripper les pièces.* »

« *La quantité de vapeur pourrait même être telle « que l'air n'entrât plus dans les cylindres, et qu'il y « eût constamment un échappement de vapeur par la « cheminée. Ce serait une sorte de machine à vapeur « inverse* . . . .

« *Au lieu de vapeur on pourrait peut-être lancer « un petit jet d'eau qui, en frappant la paroi du tuyau « d'échappement, se pulvériserait.* . . . . »

Plus tard, à la date du 21 février 1866 (1), avant que rien eut été engagé dans la voie de la solution définitive, j'avais plus particulièrement insisté sur l'injection de l'eau, dans les termes suivants :

« *Je crois dans ma correspondance antérieure « vous avoir indiqué que c'était* DE L'EAU *ou de la « vapeur qu'il faudrait prendre dans la chaudière pour « rafraîchir les cylindres. — Je crois qu'un petit filet « d'eau projeté par la pression avec violence et venant « frapper une surface opposée produirait une sorte de « brouillard aqueux qui serait plus efficace que la va- « peur, qui économiserait la graisse et le combustible.* »

(1) Voir aux pièces justificatives, n° 9.

Ce programme fournissait trois combinaisons à étudier successivement : addition de vapeur à l'air ou aux gaz puisés dans la boîte à fumée, injection de vapeur seule, et injection d'eau. L'expérience a démontré que la vapeur sortant de la chaudière était peu humide et que son addition à l'air ne suffisait pas pour rafraîchir les cylindres ; les deux autres combinaisons ont donc seules prévalu.

Pour le service ordinaire, c'est-à-dire pour les manœuvres de ralentissement ou d'arrêt aux stations, pour les mouvements de gare, pour les arrêts sur signal, on peut se contenter de l'injection de la vapeur, telle qu'elle sort du réservoir de la chaudière, c'est-à-dire à peu près sèche ; il vaudrait mieux cependant la rendre artificiellement humide par l'injection simultanée de l'eau.

Quand il s'agit de faire travailler la machine d'une manière continue, pour modérer la vitesse des trains de toute nature sur des plans inclinés d'une certaine longueur, ou pour régler celle des trains de marchandises sur des pentes d'une inclinaison moyenne, l'injection de l'eau est une nécessité. — L'eau peut être injectée seule, comme je l'ai montré par des expériences récentes ; mais les applications ont commencé avec un mélange d'eau et de vapeur, et c'est sous cette forme qu'elles se font encore généralement aujourd'hui.

Lorsqu'on arrive par une injection d'eau suffisante à prévenir l'échauffement des cylindres et le grippement des tiroirs, le danger du retour brusque du levier de changement de marche et la difficulté de la manœuvre sont atténués, mais ils subsisten encore. — M. Marié, ingénieur en chef du matériel et de la traction du chemin de fer de Paris à Lyon et à la Méditerranée, a complété très-heureusement le nouveau système, en faisant disparaître cette cause de danger et cette difficulté, par l'adoption du changement de marche à vis; la juste répugnance des mécaniciens, pour l'emploi de la marche à contre-vapeur, a fait place à un sentiment de confiance qui les pousse même quelquefois à exécuter des manœuvres hardies, mais devenues sans danger.

En introduisant ce mécanisme, jusqu'alors peu connu, et qui, d'ailleurs, est préférable à tous les points de vue au changement de marche à levier, en arrivant par ses soins et par sa persévérance à généraliser sur son réseau, et à appliquer à tous les usages, le nouveau système d'utilisation des machines locomotives, M. Marié a pris une part tout à fait prépondérante dans la mise en œuvre de ce perfectionnement.

On compte aujourd'hui, en France seulement, près de 1,900 machines locomotives, dont 1,400 sur le réseau de Lyon, pourvues de l'appareil de marche à contre-vapeur, la plupart en service et le reste en construction ou en montage. L'usage de cet appareil passe de plus en plus dans les habitudes, soit pour le service des pentes à grande inclinaison, soit pour le service courant; des accidents ont été déjà prévenus par son emploi.

Je me propose, dans ce rapport, d'étudier en détail les effets du *renversement de la vapeur,* ceux du système nouveau que je désignerai par le nom de *marche à contre-vapeur,* par opposition à la manœuvre ancienne qui ne pouvait se pratiquer qu'accidentellement; j'examinerai successivement l'*injection de la vapeur seule, celle de l'eau seule*, le système mixte d'*injection de vapeur et d'eau* ; je discuterai les avantages et les inconvénients de ces diverses combinaisons, et je chercherai à poser des conclusions sur le meilleur mode d'emploi; j'indiquerai enfin l'état de la question sur les divers réseaux français.

Renversement de la vapeur.

Pour bien faire comprendre le mode d'action de la vapeur renversée, par opposition à celui de la vapeur directe, j'ai représenté par deux diagrammes doubles, fig. 1 et 2, planche I, les variations que subit la pression de la vapeur pendant l'oscillation complète du piston, suivant que la distribution est en concordance ou en discordance avec sa marche, c'est-à-dire suivant que la vapeur, poussant le piston devant elle, agit comme force motrice pour entretenir ou accélérer le mouvement, ou suivant qu'étant refoulée par le piston dans la chaudière elle agit comme force retardatrice par contre-pression.

Ces diagrammes et ceux que je produirai dans le cours de ce mémoire, ont été extraits des résultats très-nombreux et très-variés que M. Forquenot obtient journellement au moyen de l'indicateur de Watt ; ils ont été relevés dans une série d'expériences faites à ma demande ; la forme en a été régularisée par un tracé moyen, pour ne pas compliquer les figures. — Les travaux que M. Forquenot poursuit avec persévérance sont destinés à jeter un grand jour dans toutes les questions qui touchent à la construction et à l'emploi des machines locomotives; ils m'ont permis en particulier de voir clairement ce qui se passe dans l'application du nouveau système de contre-vapeur, et m'ont donné de grandes facilités pour l'accomplissement de ma tâche.

§ 1er. — *Admission directe.*

Pour simplifier le groupement des diagrammes et leur discussion, j'ai supposé que le piston était réduit à une ligne géométrique P p ou P′ p′ et j'ai tracé les diagrammes eux-mêmes dans le cadre qui représente le volume engendré par sa course.

Lorsque le piston commence sa marche en avant, en partant par exemple de la position A B, le tiroir marche vers l'avant de la machine et, son bord extérieur découvrant la lumière A, la communication s'établit avec la chaudière. La vapeur pousse le piston qui entraîne à son tour la bielle et la manivelle dans le sens indiqué par la flèche en trait plein; au moment où, par l'action des excentriques et de la coulisse de distribution, le tiroir rétrograde et vient fermer la lumière A (le diagramme correspond à une admission de 32 centièmes de la course), la vapeur se détend et continue à pousser le piston, mais avec une pression décroissante; un peu avant la fin de la course le bord intérieur du tiroir démasque la lumière A et l'échappement de la vapeur commence et se continue jusqu'au point mort, où le piston vient occuper la position C D.

Le piston revient ensuite en arrière de C vers A; la vapeurqui remplissait encore le cylindre, continue à s'échapper pour la plus grande partie dans la cheminée, jusqu'au moment où le mouvement du tiroir vient refermer la lumière A; la vapeur, emprisonnée alors dans le cylindre, se comprime et finalement, au moment où une nouvelle admission de vapeur va avoir lieu, l'espace nuisible se trouve rempli de vapeur comprimée à l'avance à une pression plus ou moins voisine de celle de la chaudière.

La manivelle et la roue ont fait à ce moment une révolution complète. Mais pendant que cette révolution s'accomplissait, la vapeur entrant par la lumière C a exercé sur la face du piston opposée à la première une action symétrique. — Au retour du piston de C vers A, il a été poussé par la vapeur et a poussé la bielle et la manivelle dans le sens de la flèche pointillée, en assurant la continuité de la rotation; la détente a succédé à la pleine admission et a été suivie elle-même de l'avance à l'échappement; l'échappement et la compression ont eu lieu pendant le retour du piston à sa position première C D.

La résistance que la vapeur éprouve, à son passage dans les lumières, empêche la pression pendant l'échappement, de tomber au niveau de la pression atmosphérique, dès que la vitesse est un peu grande.

Dans la figure, qui montre les deux diagrammes superposés, la pression sur le piston est représentée par un trait plein pour le mouvement de A vers C, et par un trait pointillé pour le mouvement rétrograde de C vers A, de telle sorte que, pour avoir la résultante des efforts exercés sur le piston dans chacune de ces positions, il suffit de prendre la portion de la ligne Pp ou P' p' interceptée entre les deux courbes de même dessin : a b lorsque le piston marche vers l'avant de la machine en tirant la bielle, a' b' dans son mouvement rétrograde lorsqu'il pousse au contraire la bielle et la manivelle.

Le point d'attache de la petite tête de bielle à l'extrémité de la tige du piston est toujours sollicité de bas en haut, et c'est la glissière supérieure qui agit pour assurer sa direction rectiligne, en s'opposant à la flexion de la tige du tiroir.

Cette analyse graphique de l'action de la vapeur en marche ordinaire n'a rien que de bien connu et de très-familier aux ingénieurs; je l'ai rappelée pour mieux faire saisir ce qui se passe lorsque la marche a lieu à contre-vapeur.

§ 2. *Admission inverse.*

Je suppose en ce moment qu'il n'y a pas d'injection de vapeur ou d'eau, et que les choses se passent comme avant l'introduction du nouveau système, c'est-à-dire que les gaz de la boîte à fumée subviennent seuls au remplissage de la capacité du cylindre, lorsque le jeu de la distribution met cette capacité en communication avec le tuyau d'échappement.

Lorsque le piston part de la position AB, fig. 2, la lumière C est un peu ouverte, la distribution qui a été renversée se trouve dans la position qui correspondait tout à l'heure à l'avance à l'échappement, et le mélange gazeux qui remplit le cylindre est momentanément expulsé; mais le bord intérieur du tiroir vient bientôt fermer cette lumière C. Pendant tout le temps qu'elle reste fermée, c'est-à-dire pendant la période qui correspond à la détente dans la marche directe, les gaz se compriment, opposent une résistance au mouvement de progression du piston, et cette résistance est transmise à la manivelle par la bielle dans le sens de la flèche pleine; après un certain parcours, la lumière C se trouve démasquée par le bord extérieur du tiroir, et le cylindre est mis en communication directe avec la chaudière; la vapeur pénètre dans l'espace compris entre le piston et l'avant du cylindre C D, le remplit rapidement, sans cependant exercer une action qui ressemble à un choc, parce que l'ouverture du tiroir ne se fait que graduellement et que la quantité de vapeur à introduire pour établir l'équilibre de pression avec la chaudière est considérable; la vapeur comprime d'abord les gaz qui remplissent cet espace et commence bientôt, le mouvement de progression du piston n'étant pas interrompu, à être refoulée avec eux dans la chaudière.

C'est à ce moment que s'exerce la réaction la plus puissante sur la manivelle par l'intermédiaire de la bielle. — La crosse du piston s'appuie sur la glissière inférieure.

Lorsque le piston arrive à l'extrémité de sa course en C D, pour reprendre sa marche en sens inverse, l'admission de la contre-vapeur est fermée, et le mélange gazeux emprisonné dans l'espace libre se détend pendant une période plus ou moins longue, qui correspond à celle de la compression dans la marche en avant; le bord intérieur du tiroir découvre bientôt la lumière C, et la communication avec l'échappement est ouverte et reste ainsi jusqu'à la fin de la course.

L'effet produit sur une face du piston, pendant son

excursion, se reproduit sur la face opposée au retour ; de C en A, le piston commence par renvoyer une partie des gaz dans l'échappement, les comprime ensuite, puis subit la contre-pression de la vapeur de la chaudière qu'elle refoule enfin jusqu'à l'extrémité de la course A B. — La résistance s'exerce par traction sur la manivelle, et c'est encore la glissière inférieure qui fonctionne pour empêcher la flexion de la tige du piston.

Si l'on veut envisager ensemble les effets produits simultanément sur les deux faces du piston et mesurer la valeur de la résultante, il faut encore prendre la portion de la ligne qui figure le piston interceptée entre les deux traits pleins, ou entre les deux traits pointillés, suivant que le piston marche vers l'avant ou vers l'arrière, a b ou a' b'.

Il y a, comme dans la marche directe, un point K ou K auquel la résultante change de sens.

Dans le cas de la marche directe, c'est le point où la pression, pendant la période d'avance à l'échappement, diminuant pendant que celle due à la compression sur l'autre face augmente, il y a égalité entre les deux pressions. Dans ce cas, cette variation de sens, même pour une admission moyenne comme celle que j'ai considérée, a lieu très-près du point mort, l'effort a peu d'intensité et il agit en sens contraire de l'effet dû à l'inertie des pièces, dont il concourt à préparer le retour en sens inverse.

Dans la marche à contre-vapeur, le point K, K' est beaucoup plus éloigné du point mort ; le changement de sens a lieu plus près du milieu de la course et lorsque la vitesse des pièces dans le sens horizontal est près d'atteindre son maximum. — Jusqu'à ce point le piston est poussé par une force qui agit sur la manivelle dans le sens de sa rotation et dès que le point neutre a été dépassé, il agit à contre-sens de ce mouvement de rotation.

Il ne serait pas impossible que, dans les cas extrêmes, dans de certaines conditions de masse des pièces en mouvement, d'admission, de serrage des presse-étoupes, etc., il y eût quelques chocs, comme plusieurs personnes prétendent l'avoir observé sur des machines en marche à contre-vapeur; ces chocs, ou claquements de coussinets de tête de bielle, n'ont pu d'ailleurs se manifester que dans les cas où des pièces usées n'auraient pas reçu, en temps utile, le serrage nécessaire à un bon service.

Il serait trop long et peut-être difficile d'analyser cet effet. — Je me borne à le signaler, en insistant d'ailleurs sur ce point qu'en service les machines bien tenues ne manifestent en réalité aucun effet nuisible de cette nature.

Le diagramme de la figure 2 a été relevé dans une expérience avec injection d'eau et de vapeur; il aurait des contours un peu différents s'il avait été obtenu par la pression des gaz chauds et de la vapeur; mais il suffit pour donner une image assez approchée de ce qui se passe dans la réalité.

Comme terme de comparaison, ou plutôt comme objet de curiosité, je reproduis, fig. 3, pl. I, un des diagrammes de marche à contre-vapeur, *à régulateur ouvert*, que j'ai relevés avec M. E. Gouin, en 1844, sur la machine la *Gironde* du chemin de fer de Versailles (rive droite); il y a lieu de supposer que le piston de l'indicateur a un peu grippé pendant la période de communication avec l'échappement; mais, tel qu'il est, ce tracé confirme les explications qui viennent d'être données.

§ 3. — *Effets produits dans les cylindres.*

Lorsqu'on parle du renversement de la vapeur on dit quelquefois qu'il entre de l'air dans les cylindres, et que cet air est refoulé dans la chaudière; j'ai eu soin d'exprimer que c'étaient les gaz chauds, provenant du foyer resté incandescent et soumis au tirage naturel de la cheminée, qui entraient dans les cylindres. — L'air extérieur n'interviendrait probablement que si le cendrier du foyer était exactement fermé par un clapet.

Ces gaz se mêlent avec la vapeur admise pendant la période de contre-pression, et c'est un mélange de vapeur et de gaz chauds qui remplit l'espace nuisible et qui vient, par la détente et par l'expansion, qui a lieu après l'ouverture de la lumière vers l'échappement, occuper une partie du volume engendré par le piston. Le reste de ce volume est rempli par des gaz venus de l'extérieur. Le mélange s'appauvrit en vapeur; mais celle qui est ensuite admise de la chaudière le reconstitue. — On peut, je crois, admettre que c'est surtout de la vapeur sèche, à haute température, qui remplit le cylindre, pendant la période de compression et de refoulement.

Pendant l'admission à contre-vapeur, la vapeur pénètre dans le cylindre durant un instant plus ou moins court et, dès que l'équilibre de pression avec la chaudière est établi, cette admission fait immédiatement place au refoulement. — Il se produit alors un effet facile à prévoir; la pression dans le cylindre, lorsqu'on marche avec un peu de rapidité, dépasse celle qui subsiste dans la boîte du tiroir et dans la chaudière, et il faut un surcroît de pression pour assurer le passage rapide du mélange de gaz et de vapeur qui est refoulé; c'est exactement l'inverse de ce qui a lieu pour l'admission dans les cylindres en marche directe.

Les autres effets de la compression des gaz sont bien connus; sans recourir à l'expérience du briquet à air qui se fait dans le cours de physique, il suffit de rappeler que l'une des grandes difficultés que l'on rencontre pour envoyer de l'air comprimé à haute pression, dans les cylindres de fondation tubulaire, est l'échauffement de cet air et celui des pompes de refoulement. — On place ces pompes dans des bâches pleines d'eau, ou, comme dans les appareils de M. Sommeiller, au mont Cenis, on fait barboter l'air avec de l'eau à son entrée dans le réservoir.

Dans un cylindre de machine locomotive, marchant à vapeur renversée, les gaz venant de l'intérieur sont les produits de la combustion et ont déjà une température propre qui peut aller jusqu'à 200 ou 250 degrés environ. — Le mélange de gaz et de vapeur qui remplit les cylindres, déjà chaud par lui-même, s'échauffe encore pendant la période de compression proprement dite; mais c'est surtout par la réduction de volume que lui fait subir l'admission à pleine contre-pression de la vapeur venant de la chaudière, et par le refoulement du nouveau mélange, que le dégagement de chaleur le plus considérable est produit. — Ce dégagement de chaleur à l'intérieur des cylindres est compensé en partie par une déperdition extérieure ; aussi dans les machines soufflantes qui marchent lentement et qui ne compriment l'air qu'à une faible pression, le refroidissement extérieur suffit pour prévenir les effets nuisibles de l'échauffement sur l'appareil lui-même. Mais dans une machine locomotive, qui fait en marche jusqu'à deux et trois tours de roues par seconde, les effets de caléfaction sont rapides et considérables.

Par suite, les graisses se décomposent, les surfaces métalliques grippent, les presse-étoupes se brûlent, les joints se calcinent et laissent échapper la vapeur ; pour peu que le renversement de la vapeur soit maintenu pendant quelque temps, c'est-à-dire pendant quelques minutes, ou sur quelques kilomètres, le moteur est mis hors d'état de service. — C'est à cette difficulté que l'on remédie, dans le nouveau système de marche à contre-vapeur, en rafraîchissant l'intérieur des cylindres par une injection d'eau.

Il est facile, en prenant pour point de départ un principe établi depuis un certain nombre d'années, de mesurer d'une manière générale, l'intensité des effets calorifiques que produit le renversement de la vapeur. — Ce principe est celui de l'équivalent mécanique de la chaleur.

Toutes les fois que la chaleur est appliquée à produire un travail mécanique, c'est-à-dire à faire mouvoir d'une certaine quantité un poids déterminé, ou à faire parcourir un certain espace au point d'application d'une force, il y a une certaine quantité de cette chaleur qui disparaît; si, par exemple, on fait passer dans une machine à vapeur à haute pression, pendant un temps donné et pour effectuer un travail déterminé, un certain poids de vapeur contenant une quantité de chaleur déterminée, on ne retrouve plus dans la vapeur de l'échappement qu'une portion de la chaleur primitive. — Inversement, si une certaine quantité de travail est absorbée par un effet mécanique qui ne constitue pas lui-même un travail, c'est-à-dire qui n'occasionne pas le déplacement sur un certain parcours du point d'application d'une force, il y a une certaine quantité de chaleur produite ; si, par exemple, ce travail mécanique a été dépensé pour comprimer de l'air dans un réservoir, on retrouve dans l'air comprimé une quantité de chaleur supérieure à celle qu'il avait avant la compression.

Il a été établi que, dans le cas de transformation de chaleur en travail et *vice versâ*, il y avait un rapport constant entre les nombres qui mesurent chacun des éléments. — Les quantités de chaleur sont évaluées au moyen d'une unité nommée *calorie*, qui est la quantité de chaleur nécessaire pour élever d'un degré la température d'un kilogramme d'eau ; le travail s'exprime en multipliant la valeur de la force mesurée en kilogrammes par le nombre de mètres parcourus par son point d'application, ou en kilogrammètres. — Ce rapport constant est : *Une calorie pour 424 kilogrammètres* (1) : on l'exprime en disant que *l'équivalent mécanique de la chaleur est 424* ou que *l'équivalent calorifique du travail mécanique* est $\frac{1}{424}$.

La question d'évaluation ou de mesure des quantités

(1) Exposé des principes de la théorie mécanique de la chaleur par M. Combes, 1867. Page 11.

de chaleur développées en représentation d'un travail mécanique dépensé est complexe. En effet, les organes du mécanisme qui est mis en jeu absorbent par leurs frottements, sous forme de travail résistant, une certaine portion du travail moteur ; une partie de la chaleur développée se perd sous des formes diverses.

Mais il n'y aurait pas utilité, pour examiner le cas d'un convoi de chemin de fer, descendant un plan incliné sous l'action de la vapeur renversée, à analyser tous les éléments qui concourent, par une production et une déperdition de chaleur, à compenser le travail de la gravité qui est détruit. — Il suffira de considérer l'effet utile do la gravité, déduction faite des résistances propres du train, et de chercher quelle quantité de chaleur doit être produite par le travail de la contre-pression dans les cylindres, pour que l'équivalence soit réalisée. — On pourra d'ailleurs se dispenser de tenir compte de la déperdition de chaleur par le rayonnement des cylindres. On obtiendra des maxima, ce qui n'aura pas d'autre inconvénient que de conduire à une certaine exagération des moyens de rafraîchissement.

Je prendrai comme exemple un train de marchandises de 145 tonnes, qu'une machine locomotive à 6 roues accouplées, pesant 55 tonnes (y compris le tender à moitié vide), gouvernerait facilement à la descente d'un plan incliné dont la pente serait de 25 millimètres par mètres ; je suppose que sa vitesse soit de 25 kilomètres à l'heure.

L'action de la gravité qui sollicite le train, et qui donnerait à la vitesse une accélération dangereuse, si elle n'était pas détruite à chaque instant, représente, parallèlement à la voie, un effort de 25 kil. par chaque tonne du poids du train, soit en totalité un effort de traction de 5,000 kilogrammes. — Sans recourir aux formules qui ont été proposées pour évaluer la résistance propre d'un train en marche, je supposerai que cette résistance s'élève en totalité, y compris les frottements intérieurs de la machine par suite du jeu de la vapeur, à 6 kilogrammes du poids brut de ce train composé d'un petit nombre de wagons, soit à 1,200 kilogrammes. — L'effort utile qui sollicite le train parallèlement au plan incliné est donc égal à 5,000 — 1,200 = 3,800 kil.

La vitesse étant de 25,000 mètres par heure, l'espace parcouru en une minute sera égal à = $416^{m}67$.

Le travail utile ou net de la gravité, qui reste à détruire par la production d'une certaine quantité de chaleur, évalué pour une minute de temps, sera donc égal à 3,800 kil. × 416^{m} 67 = 1,583,336 kg.m.

La quantité de chaleur équivalente à cette quantité de travail est égale à $\frac{1{,}583{,}336 \text{ kg.m.}}{424}$ = 3,734 calories.

Le parcours du train s'accomplirait à la vitesse uniforme de 25 kilomètres à l'heure sur la pente de 25 millimètres par mètre, si, la vapeur étant renversée et les cylindres accomplissant la fonction de pompes de compression et de refoulement des gaz et de la vapeur, et par suite celle d'un caléfacteur, il était possible, sans détériorer la machine, de marcher assez longtemps dans cet état, et avec un degré d'admission tel que la quantité de chaleur produite fût égale pendant une minute à 3,734 calories.

Pour y arriver, il suffit de faire absorber cette

chaleur sous forme latente, par l'injection dans l'intérieur même des cylindres d'une quantité d'eau égale au maximum à 7 ou 8 kilogrammes par minute.

§ 4. — *Retour brusque du levier.*

J'ai déjà indiqué que le renversement de la vapeur pouvait être une cause sérieuse de danger pour les mécaniciens. — Dans un grand nombre de machines, le levier de changement de marche peut en effet revenir brusquement de la position de marche en arrière à la position de marche en avant ; si sa position normale pour la marche en avant est vers l'arrière de la machine, ce qui a lieu dans beaucoup de cas, il peut, dans son retour brusque, venir frapper le mécanicien. Ce déplacement est moins grave, lorsque le montage de la machine est tel que le levier soit fixé vers l'avant, incliné dans le sens même de la marche qu'il doit produire ; mais le mécanicien peut être encore blessé. — On cite sur chaque réseau des accidents graves causés par le retour brusque du levier.

Je n'ai obtenu nulle part une explication satisfaisante de ce fait ; celle que je propose me paraît mettre hors de doute les causes de ce déplacement accidentel du levier de changement de marche.

Dans le montage des machines la coulisse est généralement disposée de telle sorte que, pour la marche en avant à pleine admission, le coulisseau de la tige du tiroir soit au contact ou au voisinage de son sommet. Pour changer le sens de la distribution, il faut soulever la coulisse, de telle sorte que le coulisseau corresponde à sa partie inférieure ; elle n'est plus maintenue dans cette position que par le verrou du levier de changement de marche, enclenché dans un des crans du secteur.

La coulisse a entraîné dans son mouvement de relèvement les barres d'excentrique, et les maintient dans leur nouvelle position malgré le frottement des colliers d'excentrique sur leurs poulies, qui tend à les entraîner dans le sens du mouvement de l'essieu, c'est-à-dire, lorsque la machine marche en avant, *de haut en bas*. Si le tiroir est fortement chargé, ou si ses frottements deviennent durs, ce qui est la conséquence même du renversement de la vapeur, le frottement des colliers d'excentrique sur les poulies augmente, et la tendance à l'entraînement des barres d'excentrique augmente également. Il en résulte que la coulisse est sollicitée à redescendre à sa position initiale, par un effort qui peut prendre une intensité considérable, et dont l'effet n'est contrarié que par le verrou du levier de changement de marche.

Si ce verrou est mal ajusté ou si les vibrations le déplacent, il peut à un moment donné se déclencher et alors l'action des barres d'excentrique ramène brusquement la coulisse, et par suite le levier, à la position de marche en avant.

L'attirail de la coulisse est équilibré par un contrepoids, mais ce contre-poids n'est que partiel, car on dispose toujours les pièces de telle sorte que la coulisse soit appuyée dans sa position normale de marche en avant ; on évite ainsi des vibrations auxquelles tout le système du changement de marche serait exposé par l'effet des tiraillements intérieurs, dûs surtout à l'obliquité de la coulisse aux points extrêmes de sa course. Ce surcroît de poids de la coulisse concourt dans une certaine mesure au retour du levier, en cas de déclenchement.

Si la distribution est enfin montée de telle sorte que la position de marche en avant place le levier du côté de l'arrière, incliné vers le tender, ce qui se fait fréquemment depuis une douzaine d'années, le retour brusque et imprévu de ce levier, en cas de déclenchement, peut blesser grièvement le mécanicien. De plus, au moment du renversement de la vapeur, la même cause peut faire obstacle à la manœuvre, et le mécanicien, ramené par le levier en partie déplacé, peut être renversé et blessé.

Lorsque la position de marche en avant du levier est vers l'avant, le danger est beaucoup moins grand, parce que le retour a lieu de l'arrière vers l'avant; mais, si cet effet se produit pendant la manœuvre même du renversement de la marche, le mécanicien peut encore recevoir de sérieures blessures.

Comme contrôle de cette explication, j'ai recueilli des témoignages qui établissent que dans certains cas il y a échappement du levier de la marche en avant vers la marche en arrière, ou en d'autres termes, renversement spontané de la vapeur; cela se produit dans des cas particuliers de montage de la distribution, tels que la coulisse se trouve à son point le plus haut pour la marche en avant et doive être abaissée pour la marche en arrière. Le contre-poids offre alors un surcroît de masse pour appuyer la coulisse dans sa position normale, mais en cas de frottement dur, l'action des barres d'excentrique peut devenir prédominante.

Les détails que j'ai pu avoir, sur plusieurs exemples d'accident, répondent tous à l'explication qui précède.

Depuis quelques années on fait usage d'une coulisse retournée dont la concavité fait face au cylindre; cette coulisse est suspendue à un point fixe, et le coulisseau est attaché à une bielle commandée par l'attirail du changement de marche.— Le danger de retour brusque du levier n'existe plus dans cette combinaison.

Pour ne pas avoir à revenir sur ce sujet, je ferai remarquer enco e, que, bien qu'en facilitant la marche à contre-vapeur par l'injection de l'eau on évite les grippements et on soulage la marche du tiroir, le danger du retour du levier de changement de marche subsiste toujours dans une certaine mesure.

Pour remédier entièrement à cette cause de danger, qui est en réalité le principal motif de la répulsion que les mécaniciens éprouvent pour le renversement de la vapeur, il faut recourir au changement de marche à vis ainsi que l'a fait M. Marié. —Le levier de changement de marche, dans ce système, est commandé par un écrou mobile sur une vis fixe, que le mécanicien fait tourner au moyen d'un petit volant à manivelle; l'écrou mobile porte un double index, qui se promène sur une échelle graduée, où les divisions très-apparentes expriment en chiffres le degré d'admission et de détente; la manœuvre de cet appareil est très-commode. — La vis appliquée à la manœuvre du changement de marche a d'ailleurs des avantages qui lui sont propres; elle permet, sans fatigue pour le mécanicien, de faire varier à chaque instant la détente, elle lui permet de changer le sens de la distribution, de passer de la vapeur directe à la contre-vapeur, sans fermer le régulateur; enfin elle permet de renverser la vapeur, de bout en bout, plus rapidement qu'avec le levier de changement de marche ordinaire.

Le mécanicien n'a pas en effet à exécuter la triple ou quadruple manœuvre de la fermeture du régulateur, du déplacement du levier, de l'enclenchement du verrou, et de la réouverture du régulateur ; surtout il n'a plus à faire qu'une manœuvre sans danger, et il la fait sans hésitation, sans perdre quelques secondes d'un temps précieux en cas de danger imminent. Les expériences faites au chemin de fer de Lyon à ce sujet ont donné, pour la durée de la manœuvre totale, trois secondes en moyenne avec la vis, et sept secondes avec le levier de changement de marche.

Marche à contre-vapeur.

J'ai déjà indiqué sur quel principe repose le nouveau système de marche à contre-vapeur ; une injection d'eau, combinée de manière à ce qu'elle pénètre le mieux possible dans les cylindres, en est la base essentielle. L'application peut revêtir des formes diverses ; on prend généralement l'eau dans la chaudière, d'où elle sort sous forme d'une émulsion, d'un brouillard aqueux, dans lequel l'eau en gouttelettes de petite dimension est divisée par un volume relativement considérable de vapeur; mais il y a déjà un exemple intéressant d'injection d'eau prise dans le tender, appelée et lancée dans le tuyau d'échappement par un jet de vapeur dérivé de la chaudière.—L'eau injectée est envoyée dans le tuyau d'échappement, mais diverses autres combinaisons, que je me propose d'indiquer, pourraient être adoptées. — On ne pourrait pas songer à envelopper les cylindres d'un courant d'eau froide ; ce moyen imparfait par lui-même entraînerait une complication de construction, inadmissible pour une machine locomotive.

La vapeur prise directement dans la chaudière, dans de certaines limites telles qu'elle ne devienne pas un obstacle à l'introduction dans les cylindres de l'eau injectée, peut être associée à celle-ci. — La vapeur seule, ainsi que je l'ai déjà indiqué, et mieux encore la vapeur rendue artificiellement humide par l'adjonction d'une petite proportion d'eau, peut être employée dans les cas où les effets à produire sont peu considérables ou de courte durée. — En un mot, le champ est ouvert à des combinaisons très-variées comme mode d'exécution, mais il faut toujours satisfaire à cette condition qu'une quantité d'eau déterminée soit réduite en vapeur dans le cylindre, pour absorber la chaleur dégagée, dès que celle-ci est produite en quantité trop grande pour qu'il puisse y avoir une compensation suffisante par le refroidissement extérieur.

Le moyen d'exécution est très-simple ; tel qu'il est pratiqué d'une façon générale, il consiste à établir un tuyau partant de la chaudière et aboutissant à la base du tuyau d'échappement, de manière à faire écouler dans sa capacité le volume d'eau ou de vapeur nécessaire pour le but qu'on s'est proposé ; si l'on injecte un mélange d'eau ou de vapeur, deux prises spéciales doivent être établies séparément et viennent converger dans le tuyau commun de conduite ; celui-ci se bifurque symétriquement, à une distance arbitraire, pour aboutir aux deux branches du tuyau d'échappement et pour répartir le plus également possible l'injection entre les deux cylindres. — Le tuyau d'injection et son branchement, s'il y a lieu, sont fermés par des robinets ou par des tiroirs vannes, à la main du mécanicien, qui doivent être gradués après jaugeage, pour qu'à chaque instant leur débit puisse être contrôlé et proportionné aux exigences du service que la machine accomplit.

Lorsque j'ai proposé, comme première combinaison à essayer avant de recourir à l'injection de l'eau, une injection de vapeur seule, j'avais supposé que cette vapeur serait humide en sortant de la chaudière, et que sa détente et son passage dans un long tuyau la rendraient encore plus humide ; je m'étais trompé sur ce point, et au contraire la vapeur se sèche quand elle sort d'une chaudière en pression pour se dilater librement sous la pression atmosphérique (1). Lorsque d'ailleurs on cherche à se rendre compte des effets d'entraînement d'eau qui peuvent se produire dans la marche à contre-vapeur, on reconnaît que dans beaucoup de circonstances ils doivent être nuls ou à peu près. On doit donc surtout considérer l'injection de la vapeur seule comme un moyen d'exclure les gaz du foyer. Néanmoins comme des machines locomotives, en nombre considérable, fonctionnent avec cet agent seul, je consacrerai un chapitre spécial à l'examen de ses effets.

Les avantages d'un emploi normal de la contre-vapeur sont très-importants et il est facile de les faire ressortir.

---

(1) Exposé des principes de la théorie mécanique de la chaleur par M. Combes, page 185.

A la descente des plans inclinés, la vitesse des trains peut être entretenue à un degré de régularité aussi grand qu'on peut l'attendre du coup d'œil et de l'habitude d'un mécanicien ; c'est un gage de sécurité d'autant plus grand que les fortes pentes vont en général avec les courbes de petit rayon.

Les freins ne servent plus qu'accessoirement, et par suite on économise leur entretien; mais par-dessus tout on évite la prompte usure des bandages et des rails. Sur la plus forte pente du réseau français, celle du plateau de Lannemezan, qui offre un longueur de 11 kil. et une inclinaison de 32 millimètres par mètre, la Compagnie du Midi a pu disposer pour une autre destination des rails en acier qui avaient été commandés pour l'entretien de la voie. — L'usure des bandages, en produisant des facettes sur la surface de roulement, n'est pas seulement la source d'un entretien dispendieux, elle occasionne encore des ruptures de rails, qui sont une cause particulière d'accidents.

En outre, sous l'action des freins et de la chaleur que le frottement dégage, les bandages de roues se dilatent et se relâchent ; la chaleur se transmet par les rayons des roues aux moyeux et aux boîtes à graisse qui se vident. Un des effets les mieux constatés de l'emploi de la contre-vapeur, sur les chemins à forte pente, est l'économie du graissage des wagons.

Il y a donc de très-sérieux avantages résultant de l'emploi de la contre-vapeur, au point de vue de l'entretien du matériel et de la sécurité. Lorsque l'application en est faite avec injection d'eau suffisante, les pièces de la machine ne souffrent pas ; bien que les pistons et les tiroirs soient en charge, au lieu de marcher sans pression, les surfaces sur lesquelles s'exerce le frottement sont lubrifiées par l'eau et se maintiennent dans d'excellentes conditions de travail. — Il est admis, et d'ailleurs prouvé par l'expérience, surtout par celle du chemin de fer de Paris à Lyon et à la Méditerranée, que l'emploi fréquent de la contre-vapeur n'augmente pas, dans leur ensemble, les frais de réparation et d'entretien des machines.

En cas de danger imminent, le mécanicien n'hésite plus à renverser la vapeur si l'appareil de contre-vapeur est complété par le changement de marche à vis, et il peut le faire sans dégrader sa machine.

Pour les arrêts aux stations, l'usage de la contre-vapeur peut également rendre de très-grands services ; outre la conservation du matériel de la voie et du matériel roulant, il offre l'avantage de mettre le moyen d'arrêt principal entre les mains du mécanicien ; celui-ci ne se borne plus à transmettre les signaux d'arrêt, il exécute lui-même la manœuvre ; —son action intelligente et attentive est substituée à celle des garde-freins, agents d'ordre inférieur qui exécutent machinalement, sans initiative ni responsabilité sérieuses, les ordres transmis au moyen du sifflet de la machine.

Il ne résulte pas de là que les garde-freins doivent être supprimés, seulement les rôles sont renversés et ce n'est plus qu'accessoirement que leur concours est nécessaire ; mais dans beaucoup de cas le nombre peut en être réduit. Si l'avantage de ne plus faire des freins le moyen exclusif d'enrayage est surtout sensible pour la descente des pentes, il subsiste encore pour l'arrêt aux stations. Cette question de l'application de la contre-vapeur à l'arrêt réglementaire des trains est controversée ; mais le système franchement adopté par la Compagnie de Lyon, qui n'a recours au frein du tender et à ceux des wagons que pour fournir accidentellement un supplément de résistance, prévaudra certainement.

On doit tout au moins, comme on le fait sur quelqnes lignes, employer la contre-vapeur concurremment avec les freins pour les manœuvres du service courant ; cette combinaison permet d'arrêter avec précision et sans hésitation aux points fixés pour le stationnement.—Sur les chemins à une voie, où il y a intérêt très-grand pour la sécurité à ne pas dépasser les stations, son usage est désormais indispensable.

L'emploi simultané de la vis et de la contre-vapeur apporte enfin une grande simplification dans les manœuvres de gare.

Injection de vapeur.

§ 1er. — *Mode d'action.*

Le rôle essentiel de la vapeur, lorsqu'on l'injecte seule, consiste à prévenir l'entrée dans les cylindres, des gaz chauds de la boîte à fumée ; ces gaz sont à une température très-variable, suivant les circonstances où se trouve la machine, suivant la longueur de ses tubes, etc. ; au moment même du renversement de la vapeur, le foyer se trouve généralement en pleine activité et la température des gaz est très-élevée ; elle serait moindre si le train était en marche depuis quelque temps sur une pente, surtout si le cendrier était fermé au moyen d'un clapet. — Mais on ne peut guère compter habituellement sur une température inférieure à 200 ou 250° pour des machines travaillant sous des pressions de 8 à 10 atmosphères, dans lesquels les tubes sont entourés d'eau à 170° ou 180°. — Il y a donc tout intérêt à remplacer ces gaz par la vapeur à 100°.

En substituant la vapeur aux gaz de la boîte à fumée, on évite en outre l'introduction dans les cylindres, des cendres du foyer et de la fumée du combustible. — On évite enfin de faire entrer dans la chaudière, des gaz fixes, dont le mélange avec la vapeur, même en petite proportion, empêche le fonctionnement des injecteurs Giffard.

La vapeur peut entraîner de l'eau avec elle, surtout si l'on évite de faire monter le tuyau de prise de vapeur sous un des dômes de la chaudière, pour le maintenir à une moindre distance du niveau de l'eau, par exemple à 10 ou 15 centimètres au-dessous de l'arête supérieure du corps cylindrique.

Mais s'il y a, dans certains cas, de l'eau entraînée en quantité notable par la vapeur, la proportion en est très-variable et probablement très-faible en tout cas. — En effet, le niveau de l'eau dans la chaudière change fréquemment, et il arrive souvent qu'il est très-bas au moment où il faut faire usage de la contre-vapeur, parce que le mécanicien achevant de gravir une rampe, immédiatement suivie d'une contre-pente, a dû suspendre l'alimentation, et parce que le changement de sens de l'inclinaison produit une dénivellation qui dégarnit d'eau l'arrière de la machine.

Il en est souvent de même lorsque le train arrive à une station ; le mécanicien laisse tomber le niveau de l'eau afin de profiter du stationnement pour alimenter et pour empêcher la déperdition de la vapeur par les soupapes.

En outre, les causes ordinaires d'entraînement d'eau pendant la marche en avant ne subsistent plus pendant la marche à contre-vapeur.—Soit parce que le mécanicien alimente en descendant, soit parce que le tirage est réduit dans une forte proportion, l'ébullition a cessé de se produire ou au moins d'être tumultueuse et il n'y a plus de projections, de soulèvement de l'eau par le fait même de l'ébullition.

Le mouvement de la vapeur par le régulateur a lui-même changé de caractère ; la marche en avant détermine un écoulement rapide, tandis qu'il n'y a plus désormais qu'une série d'aspirations et de refoulements entre-croisés, un va-et-vient qui paraît peu propre à déterminer des projections d'eau. Celles-ci se produiraient d'ailleurs dans un point généralement très-éloigné de l'origine du tuyau d'injection.

Par tous ces motifs, on ne peut pas compter que la vapeur prise dans la chaudière pour l'injection dans les cylindres sera chargée d'eau, au moins d'une manière permanente ; c'est peut-être beaucoup que de supposer qu'elle emportera avec elle une quantité d'eau suffisante pour maintenir sa saturation après sa dilatation. Si l'on veut donc se mettre à l'abri de toute chance d'échauffement il faudra recourir à une injection d'eau.

Si l'on tient néanmoins, comme l'a fait la Compagnie du chemin de fer du Nord, à s'affranchir de la sujétion qu'impose l'addition d'une prise spéciale pour l'eau, on pourra le faire, mais on ne doit pas se faire illusion sur les conséquences de ce mode d'injection et sur les limites dans lesquelles il est praticable.

Ainsi que cela a déjà été énoncé, on pourra en faire usage pour modérer la vitesse des trains sur des pentes faibles, par exemple pour des trains de marchandises sur des pentes de 5 millimètres, pour des trains de voyageurs sur des pentes de 10 millimètres, par mètre; on s'en servira au besoin pour enrayer des trains légers sur des pentes très-fortes, mais en même temps très-courtes. — On pourra également l'appliquer à l'arrêt des trains aux stations, et pour les manœuvres de gare, surtout si on se borne à compléter l'action des freins pour assurer un arrêt plus exact. — En cas d'arrêt brusque sur signal, le renversement de la vapeur n'aura plus les inconvénients graves de l'ancien état de choses, et le mécanicien pourra, sans hésitation, recourir à ce moyen efficace.

Dans cette application limitée de la contre-vapeur, il se produit un effet assez curieux qui mérite d'être analysé.

Lorsqu'une machine, par exemple une machine à marchandises à huit roues accouplées, est remorquée, le régulateur fermé, par une autre machine, la résistance qu'elle oppose au mouvement se trouve élevée par le frottement de son mécanisme et de ses bielles d'accouplement à huit ou dix kilogrammes par tonne, tender compris. Les expériences de MM. Vuillemin, Guebhard et Dieudonné donnent, à des vitesses de 16 à 18 kilomètres à l'heure, une résistance de 10 kilogrammes environ par tonne; une expérience à laquelle j'ai assisté sur le chemin de fer d'Orléans a donné 8 kilogrammes pour une machine à 8 roues accouplées, à la vitesse de 27 kilomètres à l'heure sur une voie en *rails d'acier Bessemer*. On peut donc compter, dans les circonstances ordinaires, à des vitesses de 25 à 30 kilomètres à l'heure, sur une moyenne approchée de 9 kilogrammes pour une machine à 8 roues accouplées et son tender pesant ensemble 62 tonnes, ou, si on défalque le tender pour un poids de 16 tonnes et pour une résistance propre de $3^{k}5$, sur une résistance de 11 kilogrammes environ pour la machine seule.

Dès que la machine entre en action, la pression de la vapeur, en s'exerçant sur le tiroir, soumet toutes les pièces travaillantes, notamment le tiroir lui-même, la coulisse et les excentriques, à des pressions et à des frottements intérieurs. D'après les expériences très-multipliées que M. Forquenot a faites au moyen de l'indicateur de Watt, en comparant le travail effectif de la vapeur sur les pistons aux résistances du train mesurées par un dynamomètre, les résistances totales de la machine, tender non compris, atteignent 22 à 23 kilogrammes par tonne et même au-delà ; il y a peu de différence suivant que la machine travaille à grande ou à petite admission ; en effet, dans ce dernier cas, la pression moyenne effective de la vapeur sur les tiroirs augmente en même temps que leur course diminue.

Un résultat du même genre se produit pendant la marche à contre-vapeur, surtout si la vapeur est injectée seule, ce qui donne lieu à un certain échauffement et augmente la dureté des frottements. Le travail proprement dit de la contre-vapeur peut être très-faible ou même nul, comme le montre le diagramme n° 4, pl. 2, relevé sur une machine à 8 roues accouplées marchant avec injection de vapeur seule, à 15 % d'admission ; cependant le travail dû aux résistances additionnelles du mécanisme, produites par la mise en action de la vapeur dans les cylindres, est encore considérable.

Pendant la marche à contre-vapeur les pièces du mécanisme se transforment donc, sous la pression de la vapeur dans les cylindres, en une sorte de frein, qui peut avoir une action plus énergique que celle même résultant de la compression et du refoulement de la vapeur, compensation faite de la pression directe pendant la détente.

Si l'on prend l'exemple d'un train de 700 tonnes brutes, remorqué par une machine à 8 roues accouplées, descendant à la vitesse de 25 kilomètres à l'heure, une pente de 5 millimètres par mètre, on trouvera que l'effort nécessaire pour compenser l'action de la gravité sera de 700 kilogrammes environ. La machine pèse 46 tonnes et le frottement additionnel étant évalué au minimum à 11 kilogrammes, la valeur totale de ce frottement sera de 506 kilogrammes, de telle sorte qu'il ne resterait plus à demander au travail de la contre-vapeur sur les pistons que 194 kilogrammes. L'échauffement intérieur sera donç peu considérable et il pourra être en grande partie compensé par le refroidissement extérieur.

Il y a là une considération de plus en faveur de l'emploi de la vapeur seule, dans ces conditions de travail réduit. Mais, je le répète, à mon avis, il vaudrait mieux entrer franchement dans la voie d'une application complète de la contre-vapeur avec injection d'eau.

Si l'application que peut recevoir la contre-vapeur par injection de vapeur seule est limitée quant à l'importance du travail de résistance permanent ou accidentel qu'on peut lui demander, les circonstances où il serait possible de faire cette application sont au contraire très-nombreuses sur le réseau français ; beaucoup de lignes, et ce sont les plus fréquentées, n'ont qu'exceptionnellement des pentes supérieures à 5 millimètres par mètre. Il y avait donc intérêt à examiner spécialement les résultats obtenus sur le chemin de fer du Nord, où l'injection de vapeur seule est appliquée à près de 200 machines, l'injection d'eau étant réservée pour les sections peu nombreuses et peu étendues où l'on rencontre des rampes de 10 millimètres par mètre et au-dessus.

§ 2. — *Application sur le chemin de fer du Nord.*

J'ai suivi à cet effet la marche d'un train de marchandises de Chantilly à Saint-Denis. La composition du convoi était la suivante :

38 wagons chargés à 15 tonnes . .	570 tonnes.
1 wagon chargé à 20 tonnes. . .	20
1 machine Engerth à 8 roues accouplées.	60
Total. . . .	650 tonnes.

La pente de 5 millimètres à la descente vers Paris est coupée par quelques paliers et le parcours qui a été l'objet d'un examen spécial, se décompose comme suit :

Premier tronçon en pente.	5,400^{m}.
Palier	300
Deuxième tronçon en pente	4,300
Palier	1,200
Troisième tronçon en pente	3,500
Total. . . .	13,700^{m}.

Le mécanicien a dû donner un peu de vapeur pour franchir le palier de 1,200 mètres et il s'est arrêté à la fin du trajet sans redonner de vapeur. La marche à contre-vapeur a eu lieu à des crans variables, correspondant à une admission de 15 à 40 %. La vitesse a été d'environ 25 kilomètres à l'heure. L'eau dans la chaudière était très-basse au départ.

Il s'est promptement manifesté des signes d'échauffement ; la vapeur s'échappant par les fuites des robinets graisseurs des tiroirs a changé d'aspect et est devenue moins floconneuse ; la manœuvre de la vis est devenue plus dure; la vapeur, alors même qu'on réduisait l'ouverture du robinet, de manière à n'avoir qu'un faible panache à la sortie de la cheminée, faisait entendre un sifflement comparable au bruit que fait le souffleur ; il était évident qu'il s'écoulait une grande quantité de vapeur non apparente. Le manomètre tendait plutôt à baisser qu'à monter, ou restait à peu près stationnaire autour de la pression effective de 7 kilogrammes par centimètre carré. Au début de la course l'appareil Giffard avait refusé deux fois de s'amorcer, peut-être parce que la vapeur était trop sèche dans la chaudière ; mais au bout de quelque temps, le niveau de l'eau ayant été relevé avec la pompe, il a pu marcher. Vers la fin de la course la vapeur, à en juger surtout par le panache de la cheminée, paraissait moins sèche qu'au début.

En mettant la main gantée sur une paroi non recouverte du cylindre, correspondant à l'une des lumières d'admission, j'avais pu la tenir appliquée pendant 20 secondes avant la marche à contre-vapeur; après le parcours en contre-vapeur, 3 à 4 secondes suffisaient pour rendre impossible la continuation de cette épreuve.

Les tiges de piston n'avaient pas bleui, les graisses ne paraissaient pas avoir subi de décomposition notable, et quelques tours de marche en avant avaient rendu à la vis sa facilité de manœuvre. Il était donc évident que la machine n'avait pas souffert, bien que l'on eût marché sans serrer les freins; mais il semblait également bien évident que c'était là la limite de ce qu'on pouvait raisonnablement faire sans injection d'eau. Le robinet de prise de vapeur était à mi-hauteur sur le dôme des soupapes; s'il avait été placé à 20 ou 30 centimètres plus bas, il y a lieu de supposer que les effets constatés auraient été plus satisfaisants.

Avant de s'engager dans l'application de la contre-vapeur, les ingénieurs du chemin de fer du Nord avaient fait une expérience intéressante. Deux machines attelées ensemble ont été lancées sur la voie, à une vitesse d'environ 30 kilomètres à l'heure, celle d'avant tirant à pleine admission, celle d'arrière résistant au maximum par l'action de la contre-vapeur. Au bout de 3 à 4 kilomètres de marche, avec entrée d'air frais par la base du tuyau d'échappement, les garnitures de presse-étoupe ont commencé à brûler; avec la vapeur seule, le même effet s'est produit entre le 5e et le 6e kilomètre. — Avec injection d'eau, additionnée de vapeur en quantité modérée, on a pu marcher indéfiniment, sans surélévation de température dans les boîtes de tiroir.

§ 3. — *Expérience sur le chemin de fer d'Orléans.*

J'ai suivi également sur la rampe d'Étampes, du chemin de fer d'Orléans, la marche d'un train de marchandises ainsi composé :

33 wagons chargés à 11 tonnes . .	363 tonnes.
1 wagon vide.	5
1 machine et son tender.	50
1 machine et son tender, à contre-vapeur	62
Total.	480 tonnes.

Le robinet de vapeur est placé sur la paroi d'arrière du foyer et va prendre la vapeur par un tuyau qui remonte au niveau de l'arête supérieure du corps cylindrique; ce robinet a été seul ouvert et les cylindres ont reçu des quantités variables de vapeur, dont le poids a été mesuré par une expérience directe sur le débit à différentes ouvertures. L'admission a varié de 15 à 22 °/₀, et pour éviter de dépasser cette dernière proportion, on a serré de temps en temps le frein du tender. Le diagramme 5, pl. 2, est extrait d'une série de 10 relevés, qui ont été faits pendant un parcours de 4 kilomètres à des intervalles à peu près égaux.

Le tableau suivant fournit toutes les données constatées au moment où a eu lieu le relevé de chacun de ces diagrammes.

NUMÉROS des DIAGRAMMES.	PRESSION en KILOGRAMMES. par centim. carré.	VITESSE en KILOMÈTRES.	ADMISSION en CENTIÈMES.	QUANTITÉ de vapeur injectée PAR MINUTE.
1	7k00	24 km.	22 %	10k5
2	6 50	28	22	10 0
3	7 00	20	15	6 0
4	7 25	28	22	11 0
5	8 »	28	22	7 0
6	7 75	28	15	20 0
7	7 50	28	22	23 0
8	6 50	28	15	20 0
9	6 50	28	15	17 0
10	6 25	28	22	16 5

Le niveau de l'eau avait été établi et a été maintenu très-haut pour faciliter l'entraînement de l'eau. Malgré cela on n'a pas tardé à voir les signes d'un échauffement rapide, le mécanicien qui manœuvrait d'abord la vis à une main a dû bientôt y mettre les deux mains, puis user de toute sa force et enfin se faire aider par un des assistants. La vapeur sortant du robinet de graissage de l'une des boîtes à tiroir, laissé ouvert comme moyen d'examen, a bientôt cessé d'être floconneuse, elle est devenue transparente et sifflante ; les tiroirs ont enfin fait entendre le bruit qui signale un frottement sec et le grippement.

On avait inutilement cherché vers la fin de l'expérience à augmenter l'entraînement de l'eau et son introduction dans les cylindres, en augmentant l'injection de vapeur ; on n'avait réussi qu'à faire tomber la pression.

Après 4 kilomètres de parcours on a dû, pour prévenir tout échauffement sérieux, ouvrir le robinet d'injection d'eau, et le trajet s'est achevé avec une injection à peu près fixe de 18 à 19 kilogrammes d'eau et 9 à 10 kilogrammes de vapeur, la pression baissant de 6 à 5ᵏ75, l'admission variant de 22 à 45 %, la vitesse se maintenant de 28 à 24 kilomètres l'heure. La vis a repris très-promptement sa mobilité, les surfaces de frottement n'ayant effectivement éprouvé aucune altération pendant l'expérience.

Le frein du tender ayant été mis en prise pour ralentir la marche, on ne peut pas se rendre compte de la part que le frottement additionnel du mécanisme a eu dans la modération de la vitesse, mais cette part a été certainement très-grande.

Les diagrammes nos 5, 6 et 7, pl. 2, appartiennent à cette série d'expérience.

Injection d'eau.

§ 1er. — *Point de départ.*

Il reste établi par les explications qui précèdent et par les faits qui ont été relatés en détail, que, si l'injection de vapeur peut à la rigueur suffire dans des cas plus nombreux qu'importants, elle devient insuffisante dès qu'il faut lui demander un travail un peu considérable. C'est ce qu'avaient d'ailleurs montré les expériences entreprises sur le chemin de fer du Nord de l'Espagne, lorsqu'elles ont commencé à entrer dans la voie définitive. — Dès le début de ces expériences j'avais prévu qu'il pourrait être nécessaire de recourir à un moyen plus énergique que la vapeur, et de faire pénétrer de l'eau dans les cylindres.

J'avais eu souvent l'occasion d'étudier les questions relatives à entraînement de l'eau ou à sa condensation à l'intérieur des cylindres des machines à vapeur, et de constater qu'on peut faire passer impunément des quantités d'eau très-considérables dans ceux des machines locomotives, sans courir le risque de causer des avaries; l'idée d'injecter de l'eau, pour combattre l'échauffement dû au renversement de la vapeur, m'était donc venue naturellement, sans me laisser aucun doute sur son efficacité et sur son innocuité.

C'est seulement sous l'empire d'une nécessité mise en évidence par l'expérience, et après avoir commencé par le condamner, que les ingénieurs du chemin de fer du Nord se sont décidés à recourir à ce moyen; mais ils n'y sont arrivés que d'une façon timide et insuffisante, en s'appliquant, à n'en faire qu'un auxiliaire de la vapeur.

Dans mes deux lettres du 19 septembre 1865 et du 21 février 1856, que j'ai déjà reproduites par extrait (1), la question se trouvait posée dans des termes très-précis

(1) Voir aux pièces justificatives les numéros 4 et 9.

19 septembre 1865. — « *Au lieu de vapeur on pour-* « *rait peut-être lancer un petit jet d'eau qui, en frap-* « *pant la paroi du tuyau d'échappement se pulvérise-* « *rait....* »

21 février 1868. — « *Je crois vous avoir indiqué* « *dans ma correspondance antérieure que c'était de* « *l'eau ou de la vapeur qu'il faudrait prendre dans la* « *chaudière pour rafraichir les cylindres. Je crois* « *qu'un petit filet d'eau projeté par la pression avec* « *violence, et venant frapper une surface opposée, pro-* « *duirait une sorte de brouillard aqueux, qui serait* « *plus efficace que la vapeur, qui économiserait la* « *graisse et le combustible.* »

Les résultats des expériences faites à la fin du mois de mars 1866, qui avaient fait considérer la solution comme entièrement acquise au moyen d'une simple addition d'eau à la vapeur, ne m'avaient pas laissé convaincu que cette combinaison mixte fût la seule ou même la meilleure.

A différentes reprises depuis cette époque, malgré la croyance, dans laquelle les rapports officiels m'avaient laissé, que tout allait pour le mieux sur le chemin de fer du Nord de l'Espagne, j'avais eu l'occasion d'insister sur le rôle essentiel de l'eau dans la contre-vapeur.

Une de mes premières préoccupations, lorsque l'obligeance de M. Forquenot et son excellente organisation expérimentale me l'ont permis, a donc été de vérifier ce que pouvait produire une injection d'eau seule. Une expérience faite le 5 janvier dernier sur la rampe d'Etampes, a confirmé mes prévisions à ce sujet. — Les ingénieurs des Compagnies françaises avaient d'ailleurs compris de suite que l'eau était l'agent nécessaire, et c'est parce qu'ils en ont usé largement, en restreignant la part faite à la vapeur, que le procédé est immédiatement devenu pratique entre leurs mains.

Les résultats que je vais citer et les explications auxquelles ils me conduiront, donneront, je crois, la clef de tous les faits qui ont été observés dans l'application de la contre-vapeur, et expliqueront pourquoi son usage offrait encore récemment des difficultés sur la ligne même qui a été son berceau.

§ 2. — *Mode d'action de l'eau injectée.*

Lorsqu'on parle d'injecter de l'eau sortant de la chaudière dans le tuyau d'échappement, pour la faire entrer dans les cylindres, il faut faire attention que ce n'est pas de l'eau liquide, dans l'état où elle sortirait du robinet d'une fontaine. — L'eau est à haute pression et à haute température dans la chaudière ; lorsqu'elle s'échappe par un robinet pour pénétrer dans un milieu à la pression atmosphérique, elle entre en ébullition instantanée et il se forme une quantité de vapeur à 100°, correspondant à l'excédant de chaleur qu'elle laisse disponible. Une fois que le jet liquide a franchi l'orifice du robinet, il se forme une sorte d'émulsion ou de mousse, contenant l'eau à un grand état de division dans un volume de vapeur relativement considérable. Lorsque cette émulsion se produit dans un tuyau de petit diamètre, où elle circule avec une grande vitesse, et qu'elle vient frapper les parois de l'échappement, il y a lieu de supposer que les gouttelettes liquides qui auraient pu se former ou subsister sous un volume appréciable, se subdivisent encore, se pulvérisent suivant l'expression employée dans les établissements thermaux.

La capacité du tuyau d'échappement, de la lumière d'échappement et des cylindres se remplit donc d'un *brouillard aqueux*, qui est compressible et extensible comme un fluide élastique, qui circule avec facilité dans les conduits des lumières, sans qu'on ait à craindre des chocs, comme ceux qu'occasionne l'eau condensée et rassemblée en nappe liquide à la partie inférieure des cylindres après un long stationnement. Dans le mode d'installation dont j'ai fait usage pour mes expériences, et qui peut être appliqué à toutes les machines, le jet arrive dans la lumière d'échappement sous le tiroir même, et s'il se trouve encore quelques gouttelettes d'eau liquide non pulvérisés, elles peuvent aller s'entonner directement dans les lumières sans qu'il en résulte aucun inconvénient.

L'eau évacuée de la chaudière se trouve dans le même état que lorsqu'elle commence à sortir, sous la pression maximum, par un robinet de vidange ou par un tube crevé. — On peut se rendre facilement compte de la composition de ce brouillard aqueux. en ayant recours aux tables et aux formules de M. Regnault (*Relation des expériences*, etc. pages, 746 et 748) et aux tables des M. Zeuner (*Exposé des principes de la théorie mécanique de la chaleur, par M. Combes*, pages 111 et 112.)

Si l'on suppose une chaudière de locomotive en pression de 9 atmosphères absolues, de laquelle on dérive, par un robinet qu'il suffira d'ouvrir de 5 à 6 millimètres carrés, 10 kilogrammes ou très-approximativement 10 litres d'eau par minute, le fait seul de la réduction de la pression à une atmosphère déterminera la production d'une certaine quantité de vapeur que je désigne par x.

La température de l'eau à 9 atmosphères est de 175° 77, et la quantité de chaleur qu'un kilogramme d'eau abandonne lorsque sa température descend de 175° 77 à 0° est égale, d'après M. Regnault, à 178° 017 ; celle qu'il abandonne pour descendre de 100° à 0° est égale à 100° 500. La transformation en vapeur à 100° d'un kilogramme ou d'un litre d'eau à 100° nécessite d'ailleurs, pour le déplacement d'une colonne atmosphérique d'un volume 1646 fois plus grand, une quantité de travail équivalente à 40° 092. Enfin l'excès de la chaleur interne d'un kilogramme de vapeur à 100° sur la chaleur interne d'un kilogramme de vapeur d'eau à 0° est égal à 596° 760.

On peut donc établir l'égalité suivante, entre la quantité de chaleur que contenaient les 10 kilogrammes d'eau dans la chaudière et celle qui se retrouve dans l'eau et dans la vapeur à 100°, augmentée de la perte due au travail de formation de la vapeur :

$$10 \text{ kg.} \times 178{,}017 = (10 \text{ kg} - x)\ 100{,}500 + x\ (596{,}760 + 40{,}092)$$

D'où $x = 1$ kg. 445 ou 14. 45 0/0.

La vapeur à 100° occupant un volume 1,646 fois plus grand que celui de l'eau qui l'a engendrée, 1 kil. 445 occuperont donc un volume de 2,378 litres, dans lesquels se trouve disséminée la quantité restante de 8 kil. 555 ou 8 litres 555 d'eau. Le rapport de $\frac{8.555}{2,378} = 0{,}0036$ est ce que j'appellerai le *titre en eau* du brouillard aqueux.

Le tableau suivant donne, en descendant de 10 à 5

atmosphères absolues, la pression de la chaudière, la température de l'eau qui s'y trouve enfermée, la proportion en poids de la vapeur qui se forme par la baisse subite de la pression, son volume total et le titre en eau liquide du mélange d'eau et de vapeur, ou du brouillard aqueux qui pénètre dans le tuyau d'échappement.

PRESSION en atmosphères ABSOLUES.	TEMPÉRATURE dans la CHAUDIÈRE.	PROPORTION de vapeur FORMÉE.	VOLUME DE VAPEUR pour une injection de 10 kil. par minute.	TITRE DU MÉLANGE de vapeur et d'eau.	MOYENNE.
10	180° 31	15.33 %	2523 lit.	0.0033	
9	175 77	14.45	2378	0.0036	
8	170 81	13.49	2220	0.0039	0.0043
7	165 34	12.43	2066	0.0042	
6	159 22	11.26	1853	0.0048	
5	152 22	9.92	1633	0.0055	

On voit par ce tableau que dans les conditions de pression où se trouvent habituellement les machines locomotives en marche, le mélange d'eau et de vapeur, sortant de la chaudière pour tomber à la pression atmosphérique, renferme moyennement 4 litres d'eau par mètre cube. Si le tuyau de conduite a un diamètre suffisant, on peut supposer que toute la vapeur a été produite, et que le mélange est constitué avant son arrivée dans le tuyau d'échappement ; on peut donc facilement calculer sa vitesse d'écoulement à l'arrivée, pour divers diamètres du tuyau d'injection et pour diverses quantités d'eau injectées. Les tuyaux qui servent à l'injection du mélange d'eau et de vapeur, ont communément de 25 à 30 millimètres de diamètre intérieur et les quantités d'eau injectées avec la vapeur varient de 2 à 20 kilog. par minute. Je resterai donc dans les données de la pratique actuelle, si je suppose comme exemple un tuyau de 25 millimètres à 26 millimètres de diamètre intérieur et d'une section exacte de 5 centimètres carrés, pour une injection d'eau de 10 kilog. par minute. Je prendrai pour volume du mélange celui de la vapeur qui n'en diffère pas sensiblement.

Les résultats du calcul fournissent le tableau suivant :

PRESSION en atmosphères ABSOLUES.	VOLUME DE VAPEUR		POIDS D'EAU		VITESSE en mètres
	PAR MINUTE.	PAR SECONDE	PAR MINUTE.	PAR SECONDE	PAR SECONDE
10	2523 lit.	42 lit 05	8 kg 467	141 gr.	84.10
9	2378	39 63	8 555	142	79.26
8	2220	37 00	8 651	144	74.00
7	2066	34 43	8 757	146	68.86
6	1853	31 38	8 874	148	60.27
5	1633	27 22	9 008	150	54.44

Les nombres inscrits dans les deux tableaux qui précèdent montrent suffisamment que le mélange de vapeur et d'eau, dans lequel se transforme l'eau sortant de la chaudière, est, quant à sa composition et à la vitesse qu'il possède en arrivant à l'entrée des cylindres, dans de bonnes conditions pour son introduction dans leur capacité intérieure, et il ne paraît pas qu'il soit nécessaire de lui ajouter de la vapeur pour lui servir de véhicule.

Pour achever de bien définir le rôle que peut jouer ce fluide élastique, à l'état de brouillard chargé d'eau, en présence des cylindres dont la capacité se trouve, deux fois pour chaque tour de roue, mise en communication avec celle du tuyau d'échappement, je prendrai comme exemple la machine à 8 roues accouplées, n° 1,118 du chemin d'Orléans sur laquelle ont été relevés les diagrammes annexés au présent travail.

Le diamètre des roues est égal à 1^{m} 30, le diamètre des cylindres à 0^{m} 50 et la course des pistons à 0^{m} 65. Si on suppose que la vitesse de marche soit telle que le nombre des tours de roues par seconde soit 1^{r} 75, qu'elle soit égale par conséquent à 24 km. 7 à l'heure, le nombre des cylindrées sera exactement de 7 par 1″ et le volume de mélange aqueux, offert à l'introduction dans le cylindre pour chaque cylindrée, sera de 5 litres, dans le cas d'une injection de 10 kilogrammes d'eau par minute et d'une pression comprise entre 7 et 8 atmosphères, voisine de 7 atmosphères.

Le volume que le piston engendre utilement, pour l'absorption du fluide élastique qui remplit l'échappement, ne peut pas être calculé sur l'épure de la distribution comme on le fait quelquefois ; au moment où la détente du mélange de gaz et de vapeur qui est enfermé dans l'espace libre devrait cesser, en a, par exemple, sur le diagramme, fig. 8 pl. 2, le tiroir marche déjà assez lentement et son bord intérieur ne démasque la lumière du côté de l'échappement que de petites quantités successives, tandis que le piston marche au contraire assez vite ; il en résulte que ce mélange, qui est encore en pression, ne peut pas se vider brusquement et complétement dans l'échappement et qu'une bonne partie, la presque totalité peut-être, de son volume, pourvoit au remplissage pendant un espace assez long jusqu'en b ; c'est en quelque sorte une continuation de la détente. La position de ce point b varie suivant le degré d'admission et suivant l'état du mélange qui s'échappe ; s'il renferme de l'eau en suspension, cette eau se vaporise et augmente son volume ; si au contraire la vapeur est sèche il est possible qu'elle se surchauffe au contact des parois métalliques malgré le refroidissement produit par la détente.

Le mélange qui remplit le tuyau d'échappement, et auquel s'est ajouté celui qui a pu sortir du cylindre de a en b, ne fournit au remplissage du volume engendré par le piston que depuis le point b jusqu'à l'extrémité de de la course ; et de plus une partie du mélange qui remplit le cylindre est refoulée au retour de d en c jusqu'à l'instant où la compression va commencer par suite de la fermeture de la lumière ; d'ailleurs le retard dans la marche du tiroir dû au jeu des pièces, a encore eu pour résultat d'allonger le parcours d c. — Ce qu'on peut appeler le volume utile d'aspiration n'est donc représenté que par le parcours c b.

On ne peut guère songer à déterminer approximativement l'étendue de ce parcours c b qu'en ayant recours aux diagrammes relevés avec l'indicateur de Watt, en combinant leurs indications avec celles de l'épure, et en tout cas d'une manière assez arbitraire. — C'est ainsi que j'ai fixé, pour le cas particulier d'une admission de 67 % fig. 8 Pl. 2, la position de ces différents points ; *j'estime* que le parcours b d représente 62 % de la course et d c 12 % ; — c b est égal à la différence, soit à 50 %. — J'indiquerai plus loin une méthode de calcul qui permet de fixer *à priori* les volumes d'aspiration et les quantités d'eau à injecter ; mais elle ne peut donner que des maxima.

Le volume engendré par le piston est de 128 litres, le volume d'aspiration dans la capacité de l'échappement (en supposant encore qu'il ne reste plus d'eau qui se réduise en vapeur et qui fournisse un certain contingent pour le remplissage) est donc jusqu'à la fin de la course égal à 79 litres, et se trouve réduit par le refoulement qui précède la compression à 64 litres. — C'est en présence de ce volume que se trouve le volume relativement très-petit du mélange d'eau et de vapeur correspondant à chaque cylindrée, qui dans l'exemple choisi n'est que de 5 litres.

Il est facile de vérifier tout d'abord que cette quantité de vapeur aqueuse, si elle parvient à entrer sans difficulté dans le cylindre, ce qui est assez vraisemblable *à priori* puisqu'elle n'occupe pas le 12e du volume engendré par le mouvement du piston, et ce qui est démontré par l'expérience, sera suffisante pour opérer le rafraîchissement des pièces métalliques. En effet, le brouillard aqueux sortant d'une chaudière en pression de 7 à 8 atmosphères, renferme 4 millièmes d'eau en volume, soit pour 5 litres, 20 grammes. — La surface du diagramme prise comme exemple, sur lequel on relève une pression moyenne effective de 2 kg., représente par cylindrée un nombre de kilogrammètres égal à 2,555 équivalant à 6 calories 02, lesquelles transformeront en vapeur à 8 atmosphères 10 grammes 76 d'eau à 100°. — Ce volume de 5 litres de mélange, d'eau et de vapeur, fournira donc un moyen surabondant d'absorber la quantité de chaleur formée dans la cylindrée.

Mais la rentrée des gaz chauds de la boîte à fumée sera-t-elle empêchée? — Les 20 grammes d'eau, renfermés dans les 5 litres de mélange aqueux, auront commencé à se vaporiser au contact des surfaces intérieures du tiroir, au contact des surfaces externes et internes des lumières d'échappement, et enfin la vaporisation s'achèvera dans le cylindre, au contact du piston, du cylindre lui-même et de ses fonds.

L'eau trouve en effet dans les pièces du cylindre une source abondante de chaleur. Elle est déjà elle-même à la température de 100° et se trouve mise en contact avec une masse considérable de métal, qui est alternativement chauffée par la vapeur à haute pression, et refoidie par la vaporisation. — Il s'établit au bout d'un certain temps un équilibre moyen dans chacune des parties de cette masse ; mais à chaque tour de roue, il s'est produit une oscillation dans la température : échauffement au contact de la vapeur comprimée, refroidissement par la détente et par le contact de la vapeur humide venant de l'échappement.

Or, les deux cylindres avec leurs fonds, les pistons, tiges, tiroirs, couvercles de tiroirs, etc., forment, dans la machine prise comme exemple, une masse de fonte et de fer pesant environ 2,500 kilogrammes. La chaleur spécifique du fer est égale à 0,11379, celle de la fonte blanche à 0,12983 ; on peut prendre, pour la masse moyenne, au minimum et en nombre rond

0,12; un abaissement moyen de température de 1° des 2,500 kilogrammes de métal correspondrait par conséquent à une perte de 300 calories, lesquelles suffiraient pour réduire en vapeur 559 grammes d'eau à 100°.

Il suffit donc d'un abaissement très-faible dans la température de la masse métallique pour fournir la quantité de chaleur nécessaire à la vaporisation des 20 grammes d'eau, que j'ai supposés introduits dans le cylindre, et, dans la période de réchauffement, d'une très-faible élévation de température pour établir la compensation.

Il paraît donc enfin permis de supposer que les 20 grammes d'eau introduits dans le cylindre se seront entièrement vaporisés pendant que la communication avec l'échappement restait ouverte. — Cela est d'autant plus admissible que si la longueur nette de la course, pendant laquelle la communication a lieu, est courte, la durée en est relativement grande, parce qu'elle comprend un passage au point mort. — Mais les 20 grammes d'eau n'auront fourni que 33 litres de vapeur, qui, ajoutés aux 5 litres formés à la sortie de la chaudière, donneront seulement un total de 38 litres, laissant un déficit de 26 litres.

Pour combler ce déficit il suffira d'augmenter l'injection d'eau ; si l'on double cette injection, on enverra aux cylindres, pour chaque cylindrée, un volume de 10 litres de mélange aqueux au titre de 4 millièmes ou 40 grammes d'eau. Ce supplément d'eau se réduira lui-même en vapeur, jusqu'à concurrence de 7/10es, ou de 14 grammes pour fournir le complément de 26 litres de vapeur nécessaire au remplissage de la capacité engendrée par le piston et par suite à l'exclusion des gaz de la boîte à fumée. — Il y a même lieu d'admettre qu'il se formera avec les 6 grammes restants une certaine quantité de vapeur qui s'échappera dans la cheminée.

L'étude des phénomènes qui se passent dans les machines fixes à condensation et sans enveloppe, où il se condense instantanément, au moment même de l'admission, des quantités considérables de vapeur, pour compenser le refroidissement des parois par la vaporisation au moment de la détente et de l'échappement, doit faire attribuer à ces diverses causes de formation de vapeur qui viennent d'être signalées une importance considérable. — Mais il est bien entendu que ce qui précède n'est pas présenté à titre de démonstration. — Je cherche seulement à faire prévoir quelles sont les conséquences d'une injection d'eau et à préparer l'explication des résultats de l'expérience, qui seuls peuvent fixer les idées sur un sujet semblable.

Le supplément nécessaire au remplissage pourrait être demandé à la vapeur, il faudrait, dans l'exemple choisi, pour suppléer à l'effet déjà produit par l'excédant d'eau réfrigérante et pour chaque cylindrée, amener dans le tuyau d'échappement 26 litres de vapeur à 100°, ou en nombre rond 7 kilogrammes de vapeur par minute. La dépense de la chaudière par minute serait donc réglée à :

Eau.	10 kilogrammes.
Vapeur.	7 —

Si l'on fait abstraction de l'eau entraînée par la vapeur, que d'ailleurs je suppose en quantité uniquement suffisante pour que cette vapeur reste saturée à son arrivée dans le tuyau d'échappement, on voit que la marche à contre-vapeur serait assurée, d'une part au point de vue du refroidissement des cylindres, de l'autre au point de vue de l'exclusion des gaz permanents.

La proportion de l'eau à la vapeur serait de 143 % ou celle de la vapeur à l'eau de 70 %. C'est la combinaison et ce sont les proportions auxquelles ont été amenés les ingénieurs des compagnies françaises, dans leurs premières applications.

Si l'on se refusait à admettre que, sur 10 kilogrammes injectés, l'excédant de 4 kil. 80 sur les 5 kil. 20 par minute nécessaires à la réfrigération soit utilisé pour l'obturation, il faudrait porter la quantité de vapeur à 12 kilogrammes en réduisant celle d'eau à 5 kilogrammes; on retomberait dans le système du nord de l'Espagne qui sera discuté plus loin.

Mais dans beaucoup de cas il ne serait même pas nécessaire d'envoyer un supplément de vapeur pour empêcher l'entrée des gaz chauds de la boîte à fumée; un grand nombre de machines sont pourvues d'une pompe alimentaire et d'un appareil Giffard, ces deux appareils étant destinés soit à se suppléer, en cas d'avaries à l'un deux, soit à accomplir des fonctions distinctes, la pompe servant à alimenter à jet continu pendant la marche, le Giffard à alimenter pendant le stationnement; on n'aurait donc pas, dans ce cas, à se préoccuper de la question de savoir s'il entrera ou non des gaz dans les cylindres; la seule condition à remplir serait de fournir à tout instant à ceux-ci la quantité d'eau nécessaire pour le maximum d'admission et de vitesse que la machine peut prendre. Si l'on procédait ainsi on pourrait capuchonner la cheminée et ouvrir le registre de rentrée d'air, il n'arriverait plus de cendres dans les cylindres et le tirage serait entièrement supprimé. — Cette combinaison se recommanderait surtout pour des traversées de montagne, comme celle du Guadarrama en Espagne, où l'on trouve un profil continu, en pente de 10 à 15 $^{m}/_{m}$ et au delà sur quelques points, d'une longueur totale de 100 kilomètres ; l'essai pourrait se faire sans difficulté sur cette ligne, où un grand nombre de machines sont pourvues à la fois d'une pompe et d'un injecteur Giffard. — Mais on verra plus loin qu'il y a probablement encore quelque chose de mieux à faire.

§ 3. — *Résultats d'expérience.*

L'expérience pouvait seule apprendre si, dans toutes les conditions de pente, de charge et de vitesse qui se rencontrent sur les chemins de fer actuellement existants, en restant dans des conditions d'injection modérées, on parviendrait à fournir au tuyau d'échappement une quantité de vapeur suffisante pour empêcher les rentrées d'air, ou s'il était indispensable, dans le cas où les machines ne sont pas pourvues d'une pompe alimentaire, de compléter l'injection de l'eau par une injection de vapeur.

Une expérience préliminaire faite sur la rampe d'Etampes, et qui a été répétée depuis sur des pentes d'une inclination plus considérable, a fourni des résultats très-nets qui démontrent la possibilité de se dispenser de toute injection de vapeur, même dans les circonstances extrêmes du service ordinaire.

Cette première expérience a eu lieu sur un train de marchandises, le 5 janvier 1869, dans les conditions vantes.

La machine qui avait amené le train d'Orléans est restée en tête de ses wagons, le régulateur fermé; la machine à 8 roues accouplées n° 1118, pourvue des appareils d'injection à tiroir du chemin de fer du Lyon, s'est placée en tête du train et a réglé la vitesse au moyen de la contre-vapeur seule, sans serrage de freins.

La composition du train était la suivante :

48 wagons chargés à 11 tonnes. . .	528	tonnes.
1 — vide à 5 — . . .	5	—
Machine 742 et son tender	45	—
Machine 1118 —	62	—
Total.	640	tonnes.

Au moment où le train s'est trouvé engagé sur la pente, la marche a été successivement renversée, et le tiroir d'injection d'eau graduellement ouvert; le robinet de sûreté et le tiroir qui commandent l'injection de vapeur avaient été exactement fermés.

Pendant le premier kilomètre le régulateur étant resté fermé par mégarde, le mélange d'eau et de vapeur a joué dans le cylindre sans que la pression pût s'élever au niveau de celle de la chaudière; c'est l'inspection du diagramme fig. 9, pl. 2 qui a fait reconnaître l'oubli du mécanicien.

La machine primait abondamment pendant cette période de marche à régulateur fermé.

Les diagrammes, fig. 10, 11 et 12, pl. 2, montrent comment le travail de la vapeur aqueuse s'est opéré dans le cylindre.

Pendant tout le temps de l'expérience, la cheminée a versé de la vapeur dans l'atmosphère, avec une pluie très-légère ; les trois soupapes de la machine, qui avaient été desserrées à l'avance d'un kilogramme, ont abondamment soufflé ; les deux manomètres, dont l'un était le manomètre étalon des ateliers, n'ont manifesté aucune vibration de leurs aiguilles, ce qui eût été l'indication d'une rentrée d'air ; enfin l'alimentateur Giffard, amorcé à plusieurs reprises, a fonctionné sans hésitation.

Le tableau suivant résume les données principales de l'expérience :

PRESSION EFFECTIVE en kilogrammes, PAR C. Q.	VITESSE EN KILOMÈTRES à l'heure.	ADMISSION EN CENTIÈMES.	QUANTITÉ D'EAU INJECTÉE par minute.
7k1	30km	45 0/0	18 à 19kg
7 1	30	58	14 à 15
7 0	28	15	18 à 19
7 0	30	22	18 à 19
7 0	30	32	18 à 19
7 1	28	45	18 à 19
7 1	28	58	18 à 19

La quantité d'eau injectée, vapeur non comprise, a

été déterminée après l'expérience par un jaugeage direct, et, par le calcul, les quantités ont été ramenées au total de l'eau sortie de la chaudière. — Mais, par suite même des conditions dans lesquelles le jaugeage a été fait, on ne doit prendre les résultats que comme approximatifs.

La vanne d'injection a été ouverte constamment d'un tour de vis, sauf pendant un parcours de 4 à 500 mètres où cette ouverture a été réduite à un demi-tour ; avec l'admission de 58 %, la quantité d'eau ainsi réduite paraissait encore suffisante, à en juger par la fixité des aiguilles du manomètre, mais la machine ne fournissait plus que très-peu de vapeur par la cheminée ; pour plus de sécurité, on a rétabli presque aussitôt l'admission au maximum.

La machine étant nécessaire pour le service sur une autre section du réseau, la même expérience n'a pas pu être répétée ; mais elle a été renouvelée sur les pentes de 15 millimètres du chemin de fer de Montluçon à Moulins, avec charge de 170 tonnes, non compris la machine, vitesse 25 kilomètres à l'heure, injection d'eau de 25 kilogr. par minute. — Les mêmes effets ont été constatés, seulement, la quantité d'eau étant très-exagérée, la machine a primé ; l'expérience se continue en service ordinaire, et il a même été constaté que les mécaniciens avaient, de leur propre chef, marché quelquefois avec injection d'eau seule, mais sans adopter cette pratique qui n'était pas conforme aux ordres de service (1).

(1) Il résulte des derniers renseignements que sur tout le réseau on a supprimé l'injection de vapeur. — Le service de toutes les sections à forte pente se fait avec l'injection d'eau seule ; tous les rapports constatent une amélioration dans le service de la contre-vapeur.

Si l'on cherche à déterminer par le calcul la quantité d'eau qui était nécessaire pour absorber la chaleur dégagée par le travail à contre vapeur, dans le cas d'admission maximum à 58 %, on trouve, à l'aide du diagramme, fig. 12, pl. 2 :

Pression moyenne effective par centimètre carré. . .	1 kg. 77
Pression totale sur le piston . . .	3,474 kg. 8
Travail par cylindrée . . .	2,258 kg. m. 62
Vitesse en kilom. à l'heure	30 km
Nombre de tours de roues par minute . . .	122 T 55
Travail sur une face du piston, par minute	276,794 kg. m.
Travail total pour la machine entière, par minute	1,107,176 kg. m.
Nombre équivalent de calories . . .	2,611 c 2
Nombre de calories à dépenser pour transformer 1 kilogramme d'eau en vapeur à 7 atm. 75 absolues . . .	486 c 72
Quantité d'eau à injecter par minute . . .	5 kg 36

Au degré minimum d'injection, la quantité effectivement fournie était plus que double de la quantité théoriquement nécessaire pour le rafraîchissement seul.

On peut se rendre compte approximativement de la quantité de vapeur qui s'est formée en sus de la vaporisation équivalente au travail de la contre-vapeur, et qui était nécessaire pour empêcher les rentrées d'air.

La période de communication utile ou nette avec l'échappement a été d'environ 40 %, pour une admission de 58 %; le volume à remplir de vapeur a été de 128 l × 0,40 = 51 l 20, soit 51 litres en nombre rond. — Les 5 kg 36 d'eau nécessaires au refroidissement, et transformés en vapeur à 100°, partie au moment de la sortie de la chaudière, partie dans le cylindre, ont donné 8,922 litres de vapeur par minute, ou par cylindrée 18 litres ; l'eau en excès a donc fourni 33 litres correspondant à 9 k 82 d'eau par minute.

L'emploi total d'eau à cette admission de 58 %, vitesse de 30 kilomètres à l'heure aurait donc été par minute :

Eau pour le refroidissement des cylindres.	5 k 36
Eau pour formation de vapeur.	9 82
Total	15 18

L'injection effective a été presque constamment de 18 à 19 kilogrammes, fournissant un échappement de vapeur avec pluie fine. On était donc tombé assez juste pour l'admission maximum.

Cette expérience montrait déjà qu'on peut compter sur l'injection d'eau pour l'obturation du tuyau d'échappement ; elle a été reproduite dans les circonstances suivantes, sur les lignes de l'Est et du Nord, où MM. Vuillemin et Petiet ont bien voulu mettre des trains spéciaux à ma disposition.

Les nouvelles expériences devaient me permettre de juger définitivement si, dans des cas extrêmes de charge et de vitesse, il était possible, en supprimant totalement l'injection de la vapeur, de faire pénétrer dans l'intérieur des cylindres une quantité d'eau à la fois suffisante pour les rafraîchir et pour fournir la quantité de vapeur nécessaire à l'obturation du tuyau d'échappement; j'ai pu mener ces expériences à bonne fin avec le concours de MM. Guebhard et Dieudonné sur le chemin de fer de l'Est, et de MM. Romme, Delebecque et Geoffroy sur le chemin de fer du Nord.

Dans les deux cas, les machines portaient des échelles graduées pour mesurer le débit de l'eau; des jaugeages spéciaux avaient été faits sur les tuyaux montés et pourvus de leur bifurcation; on avait pu ainsi tenir compte dans la fixation des chiffres de débit, de l'influence considérable qu'exerce le frottement, dans le tuyau de conduite, sur l'écoulement du mélange de vapeur et d'eau qui tend à se former dès la sortie de la chaudière.

Les deux machines présentaient à l'origine une disposition similaire; les deux branches de l'échappement partaient des cylindres (placés à l'extérieur du bâti) pour aboutir à peu près horizontalement au tuyau d'échappement proprement dit, fixé dans l'axe de la boîte à fumée, et les tuyaux distributeurs avaient été implantés sur ces deux branches, à peu de distance de la culotte qui les relie au tuyau vertical.

Sur chaque chemin, une première série d'expériences a montré qu'avec une injection d'eau abondante on prévenait les rentrées d'air, les injecteurs Giffard marchant sans difficulté, mais que, lorsque l'injection devenait insuffisante, il rentrait de l'air et que ces appareils cessaient de fonctionner, pour reprendre dès que l'injection d'eau avait été augmentée, ou dès que l'admission à contre-vapeur avait été réduite. Sur le chemin de fer du Nord, des mesures de température prises dans les boîtes de tiroir avec des thermomètres exacts avaient montré que la température de la vapeur dans leur capacité était égale ou supérieure à peine de quelques degrés à celle de la chaudière accusée par le manomètre.

Dans chacune des expériences, l'admission à pleine contre-vapeur au moment de l'arrêt, avec une injection d'eau probablement insuffisante, avait fait sécher les tiges de piston, mais sans les faire chauffer d'une manière nuisible aux presse-étoupes.

Dans les deux cas, il y avait eu une projection d'eau considérable par la cheminée, et les personnes présentes sur la machine avaient été inondées ; dans une des expériences, l'eau accumulée dans la boîte à fumée avait coulé dans le foyer par le tube du bas.

Il fut alors convenu, avec les ingénieurs des deux Compagnies, que l'expérience serait remise à huitaine ; que, dans l'intervalle, la position des tuyaux répartiteurs de l'injection serait modifiée, et que ces tuyaux seraient implantés, dans un cas, sous la lumière même d'échappement, dans l'autre, sur son côté extérieur et opposé à l'origine du tuyau d'échappement, l'axe du jet venant passer par le centre de figure du tiroir au point mort. Cette disposition, imitée de celle que j'avais trouvée, au chemin de fer d'Orléans, sur la machine 1,148, était un peu plus favorable, puisqu'au lieu de placer le tuyau du côté même de cette origine de la branche d'échappement, elle le reporte du côté opposé et plus près du dessous du tiroir. Plusieurs machines du chemin de fer du Nord sont montées de cette façon.

Le résultat de cette modification a été très-satisfaisant.

Le 29 janvier, un train composé de 55 wagons

pesant	450 tonnes
La machine nº 0,388 à 6 roues couplées, pesant	33
Son tender	15
Total	498 tonnes

ont été amenés, avec l'aide d'une machine de renfort, au sommet de la pente de 9 millimètres par mètre qui descend à Reims. — Le profil de cette section est le suivant :

Pente de 9m/m	6,500m.
Palier	1,000
Pente de 9m/m	1,000
Palier	700
Pente de 4m/m	800
Total. . . .	10,000m.

La vitesse a varié de 29 à 35 kilomètres. La vis de changement de marche a été poussée successivement jusqu'au 6e cran, avec augmentation progressive de l'injection d'eau sans vapeur, depuis 20 kilogrammes jusqu'à 35 kilogrammes par minute. On a marché ensuite en variant du 5e au 6e cran, en réduisant l'injection de 35 à 27, 20, 15 et 10 kilogrammes (6e cran et 50 0/0 d'admission en marche directe). Les deux injecteurs Giffard ont constamment pu être amorcés avec facilité. Pour passer le palier intercalé entre les deux pentes de 9 millimètres, on a dû remettre la marche en avant, et on a achevé la deuxième partie de la course au 2e et au 4e cran, avec 9 kilogrammes et 17 kilogrammes d'injection. La pression avait baissé avant l'arrivée au palier, par suite de la fréquence des essais d'alimentation, mais surtout parce qu'il manquait un barreau au foyer et que la grille s'était dégarnie. Rien n'avait chauffé ; la poussée du train mesurée au dynamomètre avait été en moyenne sur la première section en pente de 1,870 kilogrammes.

Les valves de l'échappement avaient été serrées au minimum d'ouverture, ce qui a donné de très-bons résultats. Tant que l'injection a été supérieure à 20 kilogrammes par minute, il n'est sorti par la cheminée qu'une pluie fine, qui n'avait rien d'incommode ; au-dessous de cette limite, cette pluie a cessé ; à l'arrivée on a trouvé un peu d'eau dans la boîte à fumée.

Au retour on a laissé l'échappement ouvert en grand ; il est sorti un peu d'eau par la cheminée, mais sans que la quantité en fût gênante ; il s'en est rassemblé une grande quantité dans la boîte à fumée et elle a coulé dans le foyer par le tube du bas, pendant une grande partie du parcours.

Les soupapes soufflaient au départ et ont continué à souffler.

Le profil de la descente vers Épernay est le suivant :

Pente de $9^{m}/^{m}25$ sur	7,000^{m}.
Station en palier.	2,000
Pente de $9^{m}/^{m}25$	3,800
Total.	11,800^{m}.

On a passé le palier à contre-vapeur au 2e cran, avec 5 kilogrammes d'injection d'eau, et on a repris ensuite au 3e. Sauf pour ce passage, l'admission a varié du 4e au 6e cran, au 8e et au 10e pour arrêter à la station située au bas du plan incliné.

L'injection d'eau commencée à 21 kilogrammes par minute a été successivement réduite à 16 kilogrammes, 10 kilogrammes, 9 kilogrammes et 8 kilogrammes; vers la fin du parcours, l'admission étant au 5e cran et l'injection à 8 kilogrammes, j'ai fait porter l'admission au 6e cran, sans modifier l'injection, il ne sortait plus par la cheminée qu'une très-petite quantité de vapeur, sans vitesse, qui provenait de l'eau rassemblée dans la boîte à fumée; les deux injecteurs Giffard ont refusé de s'amorcer; on a remis l'injection à 11 kilogrammes, et presque aussitôt ces deux appareils ont repris. Pour arrêter à fond de source, on a poussé l'injection à 20 kilogrammes.

Tout était en parfait état, tiges comprises; les injecteurs Giffard avaient parfaitement fonctionné, sauf au moment où l'épreuve d'une injection insuffisante a été faite à dessein.

La vitesse a été en moyenne de 30 kilomètres, avec écarts de 2 à 3 kilomètres. Le train se composait de 35 wagons, pesant 410 tonnes, y compris le dynamomètre; la charge brute était de 459 tonnes. La poussée mesurée au dynamomètre a été en moyenne de 2,150 kilogrammes.

Le lendemain 30 janvier, une expérience semblable a été faite sur le chemin de fer de Chauny à Saint-Gobain, que la Compagnie propriétaire avait eu l'obligeance de mettre à ma disposition et à celle des ingénieurs du chemin de fer du Nord qui m'assistaient.

Le profil à partir de la station de Saint-Gobain est le suivant :

Pente de $18^m/^m$ sur	. . . . . .	$1,570^m$.
— 11, 3	—	300
— 18	—	2,140
		$4,010^m$.

Le tracé est très-sinueux, et on trouve en descendant les courbes suivantes :

Courbe de 350^m de rayon sur	. . .	410^m.
— 275	— . . .	435
— 275	— . . .	210
— 275	— . . .	400
— 350	— . . .	320
— 400	— . . .	240
— 400	— . . .	100
— 400	— . . .	170
— 300	— . . .	220

Soit, courbes de 275^m à 400^m sur un total de . . . . $2,505^m$.

Un train de 22 wagons à houille et un fourgon vide, pesant . . . . 325 tonnes
ou avec la machine d'expérience Engerth à 8 roues 62

Total. . . . . 387 tonnes

avait été composé à Tergnier et a été remonté en double traction, jusqu'à Saint-Gobain ; la voie en tranchée au milieu d'une forêt est toujours humide, et le train n'a pu être remonté par les deux machines à 8 roues accouplées qu'après un arrêt dans les courbes de 275^m.

Une première expérience a été faite avec le train complet, la machine de renfort détachée. L'admission a eu lieu pendant tout le trajet à fond de course, soit à 75 0/0 ; l'injection d'eau (sans vapeur) a été réglée d'une manière fixe, à 30 kilogrammes par minute ; le tuyau d'échappement a été tenu constamment fermé.

Le train, lancé sur la pente par quelques tours de roue de marche en avant, a pris, après le passage des courbes de petit rayon, une accélération de vitesse qui n'a pas pû être complétement modérée par un serrage partiel des freins de wagons ; on a relevé pour la vitesse :

Pendant le premier kilomètre	39 kil. 2	à l'heure.
— deuxième —	37 — 5	—
— troisième —	46 — 9	—
— quatrième —	48 — 0	—
Moyenne.	42 kil. 9	à l'heure.

La machine ayant des roues de 1^{m}25, la vitesse maximum de 48 kilomètres à l'heure correspond à 3,4 tours de roues par 1" ; cette vitesse d'oscillation des pistons représenterait pour une machine Crampton à roues de 2^m 10 de diamètre, 80 kilomètres à l'heure. La machine a patiné fortement sur un point du parcours.

Tout a parfaitement marché dans ces conditions.

L'appareil Giffard s'est facilement amorcé et a fonctionné pendant les trois derniers kilomètres ; la machine n'a pas primé et on n'a pas trouvé d'eau dans la boîte à fumée; la pression, qui était de 7 atmosphères absolues au départ, ne s'est pas relevée. Les tiges de piston étaient dans le même état que dans la marche ordinaire. Les thermomètres, placés sur les boîtes de tiroir, ont marqué la même température que dans la chaudière.

On a fait une seconde expérience semblable, en laissant 5 wagons sur une voie de garage au bas du plan incliné ; la charge totale était réduite à 315 tonnes. La vitesse a été sensiblement uniforme et égale à 31,3 kilomètres à l'heure. L'admission à contre-vapeur a eu lieu du 2e au 8e cran, en moyenne au 6e; l'injection d'eau a été maintenue à 30 kilogrammes par minute, quantité très-exagérée, puisqu'elle avait suffi dans l'expérience précédente avec une charge plus forte et avec une vitesse beaucoup plus considérable.

Les injecteurs Giffard ont parfaitement fonctionné ; l'échappement avait été fermé et la machine n'a primé que légèrement et sans incommoder les personnes placées à découvert sur la plate-forme; on a trouvé de l'eau dans la boîte à fumée. Les soupapes, qui soufflaient au départ, ont continué à souffler, quoique l'alimentation ait eu lieu pendant une bonne partie du trajet et que la rupture d'un thermomètre ait déterminé une fuite de vapeur sur un couvercle de tiroir. La température dans les boîtes de tiroir a varié de 168 degrés à 170 degrés. Les tiges de piston étaient en parfait état.

Une troisième expérience répétée avec le même train a donné le même résultat, quant au bon état des pièces ; le tuyau d'échappement ayant été laissé ouvert pendant la moitié du trajet, il est sorti plus d'eau par la cheminée, sans que la quantité en fût gênante; mais on en a trouvé une grande quantité dans la boîte à fumée; l'injection avait varié de 14 à 42 kilogrammes à la minute, pour une vitesse de 30 kilomètres à l'heure. L'appareil Giffard, essayé par intermittence, s'est constamment amorcé; les soupapes ont abondamment rejeté de la vapeur à l'extérieur.

M. Laurent, ingénieur en chef du chemin de fer du Midi, a bien voulu faire faire des expériences du même genre sur la rampe de 32 millimètres par mètre de Lannemezan, d'une longueur de 11 kilomètres; les essais ont été complétement satisfaisants.

Avec des trains de voyageurs et de marchandises, marchant à la vitesse de 30 à 35 kilomètres à l'heure, et avec des injections d'eau qui ont varié d'un train à un autre de 13 kilogrammes à 27 kilogrammes par minute, les résultats ont été concluants, quant à la facilité de la manœuvre du levier de changement de marche, à la régularité de l'alimentation avec les injecteurs Giffard, et au bon état des pièces du mécanisme. Dans aucune des expériences, les soupapes n'ont soufflé.

Je rendrai compte plus loin d'un essai très-intéressant qui a été fait à ce sujet par M. Laurent.

Des essais du même genre, c'est-à-dire avec injection d'eau seule, se font depuis la fin du mois de janvier sur le chemin de fer du Nord de l'Espagne, et les résultats favorables qu'ils donnent permettent d'entrevoir la fin des tâtonnements et des embarras dont l'application de la contre-vapeur n'avait pas cessé d'être l'objet sur cette ligne.

Injection de vapeur et d'eau.

§ 1er. — *Calcul des poids théoriques.*

Je désigne sous le nom d'*injection de vapeur et d'eau* ou de *vapeur humide* la combinaison qui a été présentée par M. Ricour dans son mémoire, inséré au tome X des *Annales des mines*, 6e série, 1866. Cette combinaison consiste, en principe : 1° à envoyer dans le tuyau d'échappement un volume de vapeur égal au volume d'aspiration, à ce qu'il est plus exact d'appeler la capacité nette ou utile engendrée par le mouvement du piston pendant la période de communication avec l'échappement ; 2° à ajouter à cette quantité de vapeur une quantité d'eau qui, complétant celle que la vapeur elle-même est supposée apporter, soit suffisante pour absorber par sa vaporisation la chaleur dégagée dans le cylindre par l'effet de la marche à contre-vapeur.

Cette méthode a l'inconvénient de reposer sur des données incertaines, telles que l'entraînement de l'eau et même l'étendue pendant laquelle la communication avec l'échappement est ouverte. De plus, elle néglige un élément essentiel, la production même de la vapeur par l'eau portée dans le cylindre, qui fournit son contingent au remplissage, et qui prend la place d'une partie de la vapeur envoyée de la chaudière avec cette destination. Elle expose encore à des mécomptes, parce que si le mécanicien envoie trop de vapeur, ou si les injections de vapeur et d'eau rendues solidaires ont été mal proportionnées, l'excédant de vapeur qui ne peut se loger ni dans les cylindres ni dans le tuyau d'échappement, s'en va par la cheminée en entraînant une quantité proportionnelle de l'eau qui devait servir à absorber la chaleur dégagée. Des erreurs, mêmes légères, sur les bases du calcul, peuvent conduire à des résultats très-insuffisants.

Il y a enfin une considération qu'on ne peut pas perdre de vue, c'est qu'on ne sait pas au juste ce qui se produit à l'entrée des cylindres, où par un conduit unique et étroit on cherche à faire passer de la vapeur humide tandis que les pistons expulsent de la vapeur sèche.

L'expérience peut seule guider en pareille circonstance, et M. Ricour s'est trop empressé d'établir une théorie sur des données hypothétiques, qui l'on conduit à des chiffres insuffisants et qui, malgré un correctif ajouté dans des proportions inusitées en pareille matière, l'ont trompé dans les applications qu'il avait à faire sur une large échelle.

Il est donc indispensable, pour achever de porter le jour dans cette question de la contre-vapeur, d'analyser le mémoire de M. Ricour et de discuter les conséquences qu'il en a tirées au point de vue de la pratique.

L'auteur s'est d'abord appliqué, au moyen des relevés faits sur une épure de la distribution, à calculer le volume d'aspiration, c'est-à-dire le volume de vapeur à introduire de l'extérieur dans le cylindre pour remplir le vide que tend à y produire le mouvement du piston dans la période de communication avec l'échappement. A cet effet, il a supposé que l'espace libre ou nuisible était de 4 litres, et il a recherché par le calcul quel volume pourrait être rempli par la détente de la vapeur emprisonnée dans l'espace nuisible, jusqu'au point où sa pression tombe au niveau de la pression atmosphérique; il a supposé pour cela que la chaleur des parois métalliques compenserait le refroidissement produit par la détente et maintiendrait la vapeur à saturation, et, de plus, que l'échappement partiel d'une partie de la vapeur, au moment où le bord intérieur du tiroir commence à découvrir la lumière, serait compensé par l'introduction d'une quantité égale de vapeur sortie de l'autre cylindre dans les mêmes conditions.

Cette dernière hypothèse est fondée, et, d'ailleurs, on ne pourrait pas en faire d'autre pour asseoir un calcul sur le volume effectif d'aspiration; la seconde peut laisser quelque doute, car la haute température acquise par la partie extrême du cylindre, par son fond, par les parois de la lumière, etc., quand le refoulement a eu lieu un instant avant, peut vaporiser de l'eau s'il y en a en suspension, ou surchauffer la vapeur si elle est sèche; faute de pouvoir en tenir compte, il est nécessaire de faire abstraction de cette cause probable d'erreur.

Mais M. Ricour a été mal renseigné lorsqu'il a adopté 4 litres pour la capacité de l'espace libre. Un calcul approximatif, fait sur les dessins en grandeur d'exécution, m'avait donné plus de 6 litres; j'ai prié, pour plus de certitude, l'ingénieur en chef du Creusot, qui a fait les projets et dirigé la construction de ces machines, de vérifier cette mesure; une détermination aussi exacte que possible lui a donné 6 lit. 6 pour les machines à 6 roues accouplées prises comme type, et 8 lit. 7 pour les machines à 8 roues.

M. Ricour, enfin, n'a pas tenu compte de l'allongement sensible de la période de refoulement, qui a lieu par suite du retard du tiroir dû au jeu des articulations, et à la flexion ou à l'élasticité des pièces. Un retard de 5 millimètres dans la course du tiroir, lequel n'a rien d'anormal pour une machine en état moyen d'entretien, répond à peu près à 25 millimètres de la course du piston pour une admission de 50 à 60 0/0. M. Ricour a trouvé ainsi pour le 9ᵉ cran que, la course du piston étant de . . . . 600$^{m}/_{m}$

le parcours total correspondant à la

détente de	151$^{m}/_{m}$	271
celui du refoulement de.	120	
celui du volume d'aspiration serait de . . .		329$^{m}/_{m}$

En faisant le même calcul, avec l'espace nuisible de 6 lit. 6, par la comparaison des volumes à 8 atmosphères et à 1 atmosphère d'un même poids de vapeur saturée, on trouve pour le volume occupé par la vapeur détendue. . . . . 46 lit. 464

ou, en déduisant l'espace libre. . . . . 6 » 600

un volume occupé dans le cylindre égal à. . . . . 39 lit. 864

ce qui correspond, pour une section de 15 décimètres carrés, à une longueur de course égale à . . . . 265$^{m}/_{m}$.

Si l'on tient compte enfin du retard du tiroir, qui porte la longueur du refoulement à 145 millimètres, il ne reste plus pour le volume d'aspiration en longueur de la course du piston que 600 millimètres — (265 + 145) = 190 millimètres.

Les machines auxquelles s'appliquent ces calculs ont des avances à l'échappement et des compressions considérables, à en juger par le tableau même de la distribution donné par M. Ricour ; le volume d'aspiration se trouve ainsi fortement réduit, même d'après l'épure, comparativement à ce qui a lieu habituellement. Ces machines exigent donc des précautions spéciales pour assurer l'entrée de l'eau dans les cylindres.

Le volume d'aspiration en litres, évalué
par M. Ricour à. . . . . 49 lit. 35
se réduit ainsi, après rectification, à. . . . 28 » 50

Mais il y a encore d'autres corrections à faire. Les quantités à injecter pour le 9e cran sont, d'après le tableau de la page 22-160 :

Vapeur proprement dite	27 gr. 68
Eau entraînée	2. 77
Eau injectée.	9. 04
Total. . . .	39. 49

Les résultats que j'ai constatés dans les essais d'injection d'eau seule et les considérations que j'ai présentées à ce sujet et qui viennent d'être rappelées, montrent, par ce fait même qu'il n'y a pas de rentrée d'air et qu'il sort de la vapeur par la cheminée, qu'il y a une vaporisation considérable dans le cylindre pendant la période de communication avec l'échappement ; dès qu'il entrera dans le cylindre une partie de la vapeur tenant de l'eau en suspension, cette eau se réduira en vapeur; il est donc nécessaire de compter pour le remplissage du cylindre, au même titre que la vapeur amenée de la chaudière, celle que formera dans le cylindre toute portion de l'eau injectée qui pourra y pénétrer.

On doit finalement compter qu'il est offert à l'aspiration un volume total de vapeur correspondant à ce poids total de 39 gr. 49, soit 65 litres ou 128 0/0 en sus du volume rectifié d'aspiration; en d'autres termes, il faudrait que le volume net ou disponible engendré par le piston fût augmenté dans le rapport de 1 à 2.27 pour que tout ce qui a été envoyé dans la chaudière pût s'y loger. — L'excédant de la vapeur s'en va par la cheminée, emportant une partie proportionnelle de l'eau, soit 56 0/0 de ce qui avait été jugé nécessaire pour le refroidissement. La pénurie d'eau dans le cylindre doit être en réalité encore plus grande, car il y a tout lieu de croire que la proportion d'eau portée en ligne de compte comme entraînée par la vapeur est exagérée.

Cette analyse, dans laquelle il n'a pas été tenu compte des différences qui peuvent exister sur les quantités de chaleur développées, notamment par suite de l'excès de la pression dans le cylindre sur celle de la chaudière pendant le refoulement, met à la fois en évidence les inconvénients de la méthode de calcul et ceux mêmes de l'emploi de la vapeur de la chaudière comme agent essentiel de la solution du problème de la contre-vapeur. Un excès d'eau ne peut jamais nuire aux cylindres, un excès de vapeur entraîne par la cheminée l'eau qui était nécessaire au refroidissement, et cet excès peut résulter, en théorie, de l'incertitude des éléments de calcul, en pratique d'une mauvaise proportion entre les injections, s'il y a solidarité entre les robinets, d'une fausse manœuvre du mécanicien, si les robinets sont indépendants.

M. Ricour paraît s'être aperçu de l'insuffisance des résultats du calcul, car, à la suite du tableau (page 22 du mémoire détaché, ou 160 du tome X des Annales des Mines, 6e série), il ajoute sans explication cet alinéa :

« Il convient dans la pratique d'augmenter les poids « d'eau et de les porter au double des poids théoriques « inscrits dans l'avant-dernière colonne du tableau ci- « dessus. »

Quand on cherche à effectuer les calculs, on trouve qu'il ne s'agit pas là d'une simple correction, comme toutes les formules en reçoivent dans l'application. Voici, en effet, les résultats :

NUMÉROS des crans.	POIDS DE L'EAU A INJECTER		
	a. Théoriquement.	*b*. Pratiquement.	Rapport. $\frac{b}{a}$
—	—	—	—
3	3gr 89	12gr 86	330 0/0
6	7 52	20 34	270 —
9	9 04	23 62	261 —
12	9 88	25 64	259 —

En négligeant le troisième cran, qui n'est pas très-usuel, on trouve que les chiffres théoriques sont augmentés, moyennement, dans la proportion de 100 à 263 0/0, soit une augmentation de 163 0/0 sur les quantités calculées.

Si toutes les rectifications à faire au calcul du volume d'aspiration, à la quantité de chaleur dégagée, etc., étaient complètes, il y aurait peu d'écart entre cette somme à valoir et la différence indiquée par les calculs rectificatifs.

§ 2. — *Application en Espagne.*

Le 16 juillet 1866, dans un rapport destiné à être transmis à la commission des inventions (1), on trouve indiquées les dispositions que M. Ricour avait arrêtées pour régler l'injection dans l'application en grand qu'il faisait aux machines du chemin de fer du Nord de l'Espagne.

Les orifices des robinets sont calculés de manière à limiter les quantités de vapeur et d'eau, en cas d'admission maximum, à un débit respectif de 13^{kg}50 et de 7^{kg}50 par minute. Les deux robinets sont rendus solidaires par une bielle. L'expérience démontre que, lorsque l'eau et la vapeur sortent en mélange, il y a une réduction de 7 0/0 sur la somme des écoulements séparés de vapeur et d'eau, et il est admis que dans le mélange les proportions d'eau et de vapeur ne doivent pas différer notablement des proportions qui existent entre les poids écoulés séparément. En appliquant ces indications on forme le tableau suivant, pour les débits par minute :

---

(1) Voir aux pièces justificatives, n° 17.

NUMÉROS des divisions.	POIDS DE VAPEUR		POIDS D'EAU		POIDS du mélange.
	Séparée.	Mélangée.	Séparée.	Mélangée.	
—	—	—	—	—	—
1	1kg75	1kg63	1kg50	1kg40	3kg00
2	5 75	5 35	3 50	3 25	9 00
3	10 00	9 30	6 00	5 58	15 00
4	12 25	12 11	7 25	6 74	18 00
5	13 50	12 56	7 50	6 97	19 50

Il est difficile de voir le rapport qui existe entre ces nombres et les prescriptions du mémoire de M. Ricour; si l'on prend, en effet, une vitesse de 44km 10 à l'heure (2), qui doit être souvent dépassée entre les stations, pour les trains de voyageurs, et qui a dû être au moins prise en considération dans les projets d'installation, la machine à six roues accouplées, qui remorque ces trains, donnera 3 tours de roues ou 12 cylindrées par seconde. Les injections théoriques pour les crans d'admission élevés, tels que 6, 9 et 12, auxquels il faut recourir en cas de forte charge, ou pour l'arrêt, seraient, d'après le tableau de la page 22-160 du Mémoire :

INJECTION PAR MINUTE.	CRAN N° 6.	CRAN N° 9.	CRAN N° 12.
—	—	—	—
Vapeur.	20kg99	21kg92	23kg32
Eau.	5 41	6 51	7 11

(2) Dans le service d'été de 1866, il était alloué aux trains express, d'Avila à Madrid, pour 120 kilomètres, dont 20 kilomètres à la remonte, un délai de 3 heures 30 minutes avec trois arrêts importants. — La vitesse de marche normale a dû être calculée à 40 kilomètres.

Cela correspond assez bien aux débits des trois dernières divisions de l'injection, pour ce qui concerne l'eau :

5kg58 6kg74 6kg97

mais les quantités de vapeur sont à peu près doubles du débit effectif :

9kg30 12kg11 12kg56

de telle sorte que la règle pratique indiquée à la suite du tableau théorique aurait été renversée, et qu'au lieu de doubler les quantités d'eau, M. Ricour aurait réduit de moitié les quantités de vapeur, ce qui est beaucoup plus rationnel, puisque, l'effet principal de la vapeur, dès qu'elle est en excès, est d'emporter l'eau destinée au rafraîchissement des cylindres.

On ne comprend pas que M. Ricour, qui se trouvait, en réglant ainsi ses injections, sur une pente favorable, n'ait pas formulé dans ce sens l'alinéa rectificatif de son tableau des injections ; en prescrivant de doubler les quantités d'eau à introduire dans les cylindres, il exagérait encore la disproportion qui existait entre le volume de vapeur effectivement offert à chaque cylindrée et son volume d'aspiration.

Dans cette combinaison du 16 juillet le volume total effectif de vapeur (vapeur et eau à vaporiser) est encore trop considérable pour la capacité d'aspiration des cylindres. Si l'on prend la 4e division de l'injection pour correspondre au 9e cran, à la vitesse de 44km 10, ou trois tours de roue par seconde, le poids du mélange d'eau et de vapeur est, d'après le tableau du débit, de 18 kilogrammes, soit, par cylindrée, 25 grammes, qui fourniront 41l15 de vapeur, en présence d'un volume d'aspiration maximum de 28l50. Il y a, par suite, 30 0/0 de vapeur s'échappant par la cheminée, et la même proportion d'eau enlevée, soit 2k sur 6k74, de telle sorte que les 6kg51 d'eau, théoriquement nécessaires, ne peuvent pas arriver aux cylindres.

Malgré la confiance que manifestait M. Ricour, en annonçant, dans ce même rapport du 16 juillet, que l'appareil de contre-vapeur donnait exactement tous les résultats prévus, des tâtonnements ont encore été nécessaires. — On ne tarde pas à voir les effets de l'insuffisance de l'eau, ou plutôt ceux de l'excès de vapeur, se révéler dans le service.

Le 28 août, M. Ricour écrit à M. Germon que les écoulements de vapeur et d'eau sont insuffisants pour les machines à 8 roues accouplées, et il recommande de ne pas faire de nouveaux appareils avant qu'on ait reconnu si on peut augmenter le débit. Le 29 septembre, il constate l'insuffisance des écoulements d'eau. Le 23 octobre (1), il reconnaît que les écoulements d'eau, tels qu'ils sont sur la plupart des machines, sont moitié trop petits, qu'il faut doubler leur débit; il juge que la quantité de vapeur est parfaitement convenable.

Le 6 novembre enfin, il donne l'ordre de suspendre l'emploi de la contre-vapeur sur les machines à 8 roues, jusqu'à ce que la modification ait été faite.

---

(1) Voir aux pièces justificatives, n° 18.

Cette correspondance paraît s'appliquer spécialement aux machines à 8 roues accouplées; comme les mêmes appareils d'injection ont été appliqués, aux termes du rapport du 16 juillet, à ces machines aussi bien qu'aux autres types, on doit en conclure que le doublement de l'injection a porté à 15 kilogrammes, ou effectivement dans le mélange à 14 kilogrammes par minute, la quantité d'eau envoyée aux cylindres de ces machines. Aux termes de la lettre du 23 octobre, le débit de la vapeur a dû être maintenu à 13k50, ou 12k56 effectifs dans le mélange.

Ces mesures, adoptées après sept mois de tâtonnements, n'ont pas suffi. En effet, les rapports de l'ingénieur du matériel et du directeur de la Compagnie, en date des 28 octobre et 5 novembre 1868, constatent qu'il est nécessaire une nouvelle fois de suspendre l'usage de la contre-vapeur pour les machines à 8 roues accouplées, machines dont les tiroirs sont soumis à des frottements très-durs, ce qui rend la manœuvre du levier de changement de marche très-difficile et même dangereuse.

On lit en effet dans le premier de ces rapports : « Les mécaniciens qui marchent avec les machines à « 8 roues ne font pas usage de l'appareil à contre- « vapeur, parce que la manœuvre du levier de chan- « gement de marche est dangereuse ; il faut une force « musculaire plus qu'ordinaire pour manœuvrer ce « levier lorsqu'on agit avec la contre-vapeur.

« Nous ne pouvons donc pas exiger de ces méca- « niciens et particulièrement de ceux qui ont des « machines à 8 roues avec plaques de bronze rap-

« portées sur les tables de distribution, qu'ils fassent
« fonctionner leur appareil comme il est indiqué
« dans les instructions. — C'est pourtant dans les
« trains de marchandises très-chargés, descendant
« les longues pentes du Guadarrama et des Pyrénées,
« et qui sont remorqués par des machines à 8 roues
« couplées, que cet appareil peut rendre le plus de
« services, en évitant les exagérations de vitesse de
« ces trains. »

On lit dans le second rapport : « Nous avons ins-
« tallé sur toutes nos machines les appareils de contre-
« vapeur qui sont pour nos deux traversées de mon-
« tagne d'une excessive utilité. Nous avons eu et
« nous avons encore pas mal de difficultés à obtenir
« des mécaniciens qu'ils s'en servent couramment
« dans les machines mixtes et à 6 roues; il nous est
« impossible à peu près d'obtenir qu'ils s'en servent
« pour nos grosses machines à 8 roues, la manœuvre
« du levier de changement de marche est très-pénible
« et peut même être dangereuse avec ces grosses ma-
« chines. »

L'insuffisance des mesures adoptées pour cette catégorie de machines est notoire et officielle; je n'ai pas d'éléments d'appréciation positifs pour les machines à 4 roues et à 6 roues accouplées, mais il paraît constant d'après l'ensemble des informations parvenues à Paris que leur service n'a jamais été entièrement satisfaisant.

Je n'ai pas encore pu savoir exactement à quelle cause il faut attribuer cet état de chauffage et de grippement, dans ces machines à 8 roues accouplées, état manifeste pour toute personne qui sait à quel degré de douceur arrivent les frottements des tiroirs et des pistons, lorsqu'on fait un usage convenable de la contre-vapeur.

Deux causes peuvent concourir à cet effet, et probablement leur action est simultanée. Une injection d'eau de 14 à 15 kilogrammes par minute est largement suffisante et surabondante pour empêcher l'échauffement des machines les plus puissantes, marchant même à des vitesses excessives et avec des charges exagérées ; cette quantité, injectée seule, si elle arrivait à sa destination, serait même généralement suffisante pour empêcher, par l'excès de vaporisation pendant l'aspiration, toute rentrée d'air. Il est vraisemblable que, malgré la suppression de la bielle qui établissait des rapports forcés entre l'eau et la vapeur, les mécaniciens et leurs chefs directs ont conservé l'habitude de considérer la vapeur comme une nécessité de la marche à contre-vapeur, qu'ils en font abus, et qu'ainsi une grande partie de l'eau est entraînée par la cheminée, ce qui parvient aux cylindres restant insuffisant pour empêcher toute trace d'échauffement.

De plus, par suite d'un vice de construction qui a échappé à l'attention de M. Ricour, on a établi sur les 180 machines de la Compagnie un tuyau d'injection à bifurcation non symétrique, ce qui occasionne nécessairement une inégale répartition de l'eau et de la vapeur.

Le palliatif proposé est l'application de la vis de M. Marié, dont M. Ricour avait contesté l'utilité et repoussé l'emploi ; cette application est nécessaire, mais elle ne fera qu'écarter une cause de danger ; il restera à empêcher le grippement des tiroirs. Les essais, qui se font actuellement en Espagne, sur mes indications, pour l'injection de l'eau seule, ont déjà donné des résultats instructifs ; ils serviront à vider une difficulté jusqu'ici persistante, soit qu'on se serve exclusivement de ce moyen, soit qu'en l'essayant on apprenne jusqu'à quel point il est permis d'ajouter de la vapeur à l'eau, sans qu'elle détourne celle-ci de sa destination. D'après l'ensemble des faits qui me sont connus, et d'après le caractère particulier de la distribution des machines du Nord de l'Espagne, je ne pense pas que la proportion de la vapeur puisse excéder sans inconvénient 40 à 50 0/0 du poids de l'eau, pour les fortes admissions (1).

---

(1) Des renseignements récents confirment l'influence de la dissymétrie des injections; un premier jaugeage fait sur une même machine, à deux pressions différentes, a donné pour la répartition de l'eau entre les deux cylindres, le rapport moyen de 155 pour celui de gauche et 100 pour celui de droite.

Les expériences entreprises dans les Pyrénées pour l'injection d'eau seule, se poursuivent, depuis le 31 janvier, sur une des machines à 8 roues accouplées ; le rapport de l'ingénieur chargé des essais contient les renseignements suivants :

« Lorsque l'on marche à contre-vapeur, en n'injectant que de l'eau « dans l'échappement, la pluie sortant par la cheminée est moins forte « que lorsqu'on injecte eau et vapeur. . . . .

« Les mécaniciens se sont toujours plaints des tiroirs ou des tables « rapportées en bronze, soit que la qualité du métal soit mauvaise, « soit pour une autre cause ; les mécaniciens des machines à 8 roues « couplées ne pouvaient renverser leur marche et souvent même régler « la vitesse de leur machine dans la marche directe par le levier de « changement de marche sans grande difficulté, aussi ne pourrait-on « exiger d'eux de se servir de l'appareil dans ces conditions. Avec « l'injection de l'eau seule, la difficulté disparait complétement, le « levier de changement de marche est d'une manœuvre facile et il n'y « a plus de danger pour le mécanicien. »

« Avec l'appareil eau et vapeur, les tiroirs de distribution, surtout

M. Ricour et ses collaborateurs n'ont sans doute pas très-exactement saisi, à l'origine, quel était le but des recherches entreprises, but qui consistait à faire fonctionner les machines à contre-vapeur avec la même facilité qu'en service ordinaire de marche en avant. Ce but a dû s'obscurcir d'autant plus dans leur esprit que pendant près de six mois, au lieu de changer de direction, et d'entrer dans la voie qu'ouvrait ma lettre du 19 septembre 1865, où se trouvaient le principe et même le mode d'application, on avait continué à essayer des variantes du frein à air comprimé (système de Bergue simplifié). Dès que les garnitures ont cessé de se carboniser en un petit nombre de voyages, on a sans doute cru le problème résolu.

On ne peut guère s'expliquer autrement, un rapport officiel du 17 février 1866, (1) dans lequel, en rendant compte de l'emploi d'un mélange d'air et de vapeur rejeté à l'extérieur, M. Ricour disait : « Les essais faits avec l'appareil ainsi modifié ont été

« ceux en bronze, offraient une résistance considérable dans la marche « à contre-vapeur, le mouvement de la distribution et principalement « les tringles d'excentrique souffraient beaucoup par des fouettages « continuels ; depuis l'emploi de l'eau seule, ce fait ne s'est plus représenté. »

« Les tiroirs ont été découverts après la première et la deuxième « série d'essais ; ces pièces ainsi que les tables des cylindres, ont été « lubrifiées par l'eau injectée et ont un beau poli. Les cylindres et les « segments de piston sont dans un parfait état et le chanvre des « presses-étoupes n'est pas du tout altéré. »

On croirait en lisant ces détails, avoir sous les yeux une seconde édition de la lettre que M. Marié m'a écrite le 11 février 1867, et qu'on va lire quelques pages plus loin.

(1) Voir aux pièces justificatives, n° 8.

« continués dans le Guadarrama et ont donné des « *résultats satisfaisants*; les pièces frottantes ne s'é- « chauffent plus et les garnitures de presse-étoupes « *durent plusieurs voyages sans avoir besoin d'être re-* « *nouvelées.* » La préoccupation de M. Ricour à ce moment était seulement la consommation de graisse et de combustible.

L'emploi de la vapeur seule, et finalement l'addition d'une certaine quantité d'eau à la vapeur pour la rendre humide, avaient donné une grande amélioration qui avait dû paraître très-satisfaisante surtout après sept mois d'expériences avec l'air et avec la vapeur sèche. — M. Ricour et ses collaborateurs se tenaient pour contents, bien que le but pratique fût encore très-loin d'être atteint comme il l'a été depuis sur les lignes françaises.

En outre, en Espagne, la question s'est compliquée de l'emploi des freins automoteurs, que M. Ricour a considérés comme un complément de la contre-vapeur, tandis que l'usage de ce nouvel agent doit les faire supprimer dans l'exploitation, où ils cessent d'être indispensables et où ils ne restent qu'avec les inconvénients inhérents à leur emploi. — Il est vraisemblable que l'emploi de la contre-vapeur, en Espagne, n'a jamais été appliqué d'une manière exclusive à la modération de la vitesse des trains; on ne dépassait guère l'admission à 50 ou à 60 0/0 de la course, et on atténuait ainsi l'insuffisance d'un système d'injection imparfait, auquel on ne pouvait demander que des services limités.

§ 3. — *Chemins de fer français.*

Heureusement d'autres idées ont prévalu sur les chemins de fer français dès l'origine des applications de la contre-vapeur. — Je trouve en effet dans une lettre du 11 février 1867, par laquelle M. Marié me faisait connaître les résultats qu'il commençait à obtenir sur le chemin de fer de Saint-Etienne à Lyon.

« Les poids d'eau et de vapeur injectés par minute « dans chaque machine (admission à 70 0/0, trains de « 7 à 800 tonnes descendant sur rampe de 15 millimè- « tres avec deux machines), ont été dans les conditions « ci-dessus approximativement :

« Eau . . . . 16 kilogrammes.
« Vapeur . . . . 11 —
« Rapport. . . . . . 145 0/0.

« Vous voyez que nous dépassons de beaucoup le « rapport indiqué par M. Ricour ; aussi nous ne grais- « sons pas et nous ne chauffons pas, et les garnitures de « nos machines se comportent comme en marche di- « recte, et même beaucoup mieux, que lorsque nous « descendons sans vapeur ; elles se sont toujours main- « tenues en parfait état.

« Les résultats nous ont paru si concluants que nous « allons immédiatement appliquer les appareils sur les « 450 machines de notre réseau qui fonctionnent dans « les rampes au-dessus de 8 millimètres. » — Les premiers essais remontaient au mois de novembre 1866.

Les instructions de M. Marié applicables à un réseau où les conditions du service sont extrêmement variables ne donnent que des préceptes généraux ; l'ouverture du tiroir d'injection de vapeur doit être réglée par le mécanicien de telle sorte qu'on aperçoive constamment un léger nuage de vapeur sortir, en jet continu, par l'orifice de la cheminée, et celle d'eau de telle sorte qu'un petit excès d'eau s'échappe par la cheminée et produise une pluie fine, comme celle d'une machine qui prime très-légèrement. Une surveillance attentive est recommandée au mécanicien pour maintenir les deux injections aux points convenables et en particulier pour éviter une insuffisance d'eau.

Le mode de construction des tiroirs qui règlent l'ouverture des orifices d'injection d'eau et de vapeur est tel qu'un tour de vis donne deux fois plus d'eau que de vapeur ; la règle pratique est d'injecter de 1 à 2 kilogrammes d'eau contre 1 de vapeur, suivant les circonstances.

M. Marié a bien voulu mettre à ma disposition une collection de rapports des sous-chefs de traction et des chefs de dépôt, qui sont tenus périodiquement de surveiller l'emploi de la contre-vapeur ; j'ai relevé les indications consignées dans un grand nombre de ces rapports.

De l'ensemble des renseignements que j'ai puisés dans ces documents, ou recueillis sur le réseau, il résulte que l'expérience a confirmé la nécessité d'une injection d'eau prépondérante sur celle de la vapeur, lorsque la machine doit faire un grand travail de résistance en pleine marche.—La quantité de vapeur ne peut être augmentée, sans inconvénient, dans une grande proportion que pour les faibles admissions.

Sur le chemin de fer de Paris à Orléans, M. Forquenot a fait les premiers essais de marche à contre-vapeur, avec les robinets solidaires importés d'Espagne, mais en renversant les rapports de débit adoptés par M. Ricour. — Le rapport des quantités écoulées a été fixé à 65 pour la vapeur contre 100 pour l'eau. — Une série complète d'expériences faites sur la rampe d'Étampes, avec une machine à marchandises, a donné dès l'origine les résultats les plus satisfaisants avec ce rapport; elle est devenue la base des applications faites sur ce réseau qui se sont étendues à toutes les sections à forte pente.

Les ordres de service du chemin de fer d'Orléans ne prescrivent pas aux mécaniciens des proportions fixes pour l'ouverture des robinets, qui ont été rendus indépendants lorsqu'on est passé à l'application. Mais M. Forquenot y a introduit un paragraphe spécial qui indique clairement le rôle nécessaire et prépondérant qui appartient à l'injection d'eau.

Questions diverses.

§ 1er. — *Déperdition de chaleur.*

Si l'on pouvait arriver à régler très-exactement les injections, de manière à n'envoyer aux cylindres que la quantité d'eau, ou la quantité d'eau et de vapeur, strictement nécessaire pour absorber la chaleur dégagée et pour prévenir les rentrées d'air, il n'y aurait pas de perte de chaleur ; la chaudière bénéficierait au contraire de la chaleur équivalente au travail de résistance développé par la contre-vapeur, déduction faite seulement de la perte produite par le refroidissement extérieur.

C'est ce qui aura lieu si l'on vient à adopter le système de M. Laurent, dont il sera question à l'occasion des applications faites sur le chemin de fer du Midi. Il en serait de même si l'on arrivait à marcher avec eau et air, en ayant recours à une pompe pour alimenter.

Mais dans l'état actuel des choses il est de règle de laisser échapper une certaine quantité de vapeur par la cheminée ; c'est le seul indice sur lequel le mécanicien puisse se guider pour être assuré qu'il n'y a pas introduction des gaz de la boîte à fumée dans les cylindres, ce que l'on est habitué à considérer comme une nécessité de service. Toute la chaleur engagée dans la vapeur et dans l'eau chaude rejetées par le tuyau d'échappement est perdue.

Il est possible, c'est un point que je signale comme étude à faire, que la perte de chaleur soit pratiquement moins grande avec l'injection d'eau seule qu'avec l'injection d'eau et de vapeur. Lorsqu'au lieu de prendre de la vapeur formée à l'avance dans la chaudière, pour remplir les cylindres et former le panache de la cheminée, on envoie de l'eau dans les cylindres pour qu'elle s'y vaporise et pour que l'excès de vapeur ainsi formée reflue par la cheminée, il y a théoriquement la même perte de chaleur, si les quantités de vapeur rejetées à l'extérieur sont égales.

La vapeur qui se forme dans les cylindres détermine un refroidissement du métal, qui est immédiatement compensé par la condensation d'une quantité équivalente de vapeur venant de la chaudière, pendant l'admission à contre-vapeur ; la portion de cette eau condensée, qui correspond à l'absorption de la chaleur dégagée pendant la compression et le refoulement, repasse à l'état de vapeur ; mais celle qui correspond au supplément de vapeur, formée pour achever de remplir le volume d'aspiration, retourne à l'état liquide dans la chaudière. Il y a donc finalement une perte de chaleur, représentée dans l'un et l'autre cas par la quantité de vapeur rejetée à l'extérieur.

Mais, lorsqu'on injecte un mélange d'eau et de vapeur, si l'eau est en faible proportion, la vapeur qui se dégage est assez sèche, elle se dessèche encore par son mélange avec les gaz de la combustion ; et, pour peu que l'air atmosphérique soit également sec, le panache sortant par la cheminée n'est que peu apparent, quoiqu'il représente un écoulement de vapeur considérable. Au contraire, lorsque le panache est formé par de la vapeur produite dans le cylindre, cette vapeur est sursaturée d'eau, surtout s'il y a excès d'injection, et le panache est floconneux, épais ; au moins c'est ce que j'ai cru remarquer dans les expériences que j'ai faites.

Le mécanicien serait donc conduit, si cette apparence est réelle, à perdre moins de vapeur par la cheminée, celle-ci faisant plus d'effet à l'œil, sous une moindre quantité. C'est un point que l'expérience peut seule éclaircir.

Il y a dans la perte de vapeur par la cheminée un motif sérieux pour que la pression ne s'élève pas rapidement dans la chaudière; mais il y a d'autres causes non moins importantes. Le refroidissement extérieur de la chaudière est une de ces causes; une plus sérieuse encore résulte de l'alimentation, qui se fait le plus souvent au moment même où la machine doit travailler à contre-vapeur.

Un injecteur Giffard peut faire entrer jusqu'à 120 litres d'eau par minute dans la chaudière; cette eau, prise à 20° environ dans le tender, acquiert la température de 170° environ dans la chaudière, et cette élévation de température, de 150°, représente une absorption de chaleur de 18,000 calories. Si l'on prend l'exemple déjà cité page 67, dans lequel la chaleur dégagée par la compression et le refoulement équivaut à la transformation en vapeur de 5 kil. 36 d'eau, la quantité de chaleur transportée dans la chaudière (abstraction faite de la perte par refroidissement des cylindres) est d'environ 2,600 calories par minute.

Il y aurait donc équilibre entre la perte et le gain de chaleur, si la quantité de vapeur perdue par la cheminée s'élevait seulement au quart de celle formée dans les cylindres pour absorber la chaleur produite, ce qui réduirait le gain de chaleur de la chaudière à 1,950 calories par minute, et si l'alimentation n'était entretenue que pendant une minute sur neuf à dix, ce qui limiterait la chaleur prise à la chaudière à 2,000 ou 1,800 calories par minute. En raisonnant ainsi on néglige la perte par le rayonnement des cylindres et de la chaudière.

En réalité, dans la pratique actuelle de la contre-vapeur, le foyer joue un grand rôle pour entretenir la pression dans la chaudière, et quand on voit souffler les soupapes, c'est à sa plus ou moins grande activité qu'on doit attribuer cet effet. Il est donc nécessaire d'admettre une certaine consommation supplémentaire de combustible pour la marche à contre-vapeur à la descente des pentes un peu longues. J'ai recueilli deux exemples, l'un de 1k 65 et l'autre de 1k 80 pour la dépense par kilomètre, en sus de la dépense normale à la descente sous l'action des freins.

Ce résultat peut surprendre lorsque l'on compare le travail de la marche en avant au travail de la contre-vapeur ; celle-ci dans les crans élevés d'admission représente 60 % environ de l'effort de traction dans la marche directe, et cependant elle ne reproduit que des effets calorifiques relativement insignifiants. Pour s'en rendre compte il suffit de remarquer que dans la contre-vapeur, la vapeur produite représente exactement la totalité de la chaleur dégagée, tandis que les machines à haute pression, comme les locomotives, n'utilisent que 10 % environ de la chaleur contenue dans la vapeur dépensée et fournie par le foyer. Aux mêmes quantités de travail, moteur ou résistant, correspondent des quantités égales de chaleur dépensées ou produites, mais des quantités de vapeur très-inégales.

§ 2. — *Conservation des presse-étoupes.*

Si, au point de vue de la perte ou du gain de la chaleur, l'avantage de l'injection d'eau seule est douteux et reste à démontrer, cette combinaison paraît offrir un avantage d'un autre ordre beaucoup plus certain, quoique là encore le contrôle d'une expérience prolongée soit nécessaire pour asseoir un jugement définitif.

Si, par une injection de vapeur et d'eau bien calculée, on parvient à faire pénétrer et à vaporiser dans le cylindre la quantité d'eau strictement nécessaire à l'absorption de la chaleur équivalente au travail de la compression, soit 5 gr. 36 dans l'exemple qui vient d'être cité, cette vaporisation se produit pendant la période de communication du cylindre avec l'atmosphère ; elle est compensée par une précipitation d'eau pendant la période de compression et de refoulement, et presque aussitôt cette eau se vaporise de nouveau en absorbant, sous forme latente, la chaleur dégagée pendant le cours et jusqu'à la fin de cette période ; ou bien, si l'on veut, la chaleur dégagée est directement appliquée à réchauffer le métal. Finalement la vapeur rentre dans la chaudière simplement saturée, ou chargée de la petite quantité d'eau qu'elle avait pu apporter ; son volume seulement a été augmenté.

La compensation qui s'établit peut très-bien n'être que le résultat d'un état définitif moyen ; dans certaines parties de la capacité où les phénomènes de compression, de condensation, de vaporisation et de refoulement se succèdent si rapidement, la température aura pu présenter momentanément des inégalités. La tige du piston placée au centre, n'ayant, eu égard à sa masse, qu'une faible surface, sur laquelle la précipitation d'eau est peut-être très-faible ou nulle, elle aura pu s'échauffer à un degré plus élevé que le corps cylindrique, le plateau de fond, et le piston ; comme elle sort d'ailleurs du cylindre au fur et à mesure qu'elle s'échauffe, elle pourra ne pas participer à l'effet final d'uniformisation des températures, qui n'a peut-être lieu que dans les boîtes de tiroir ou même au delà ; elle échauffera le presse-étoupes en sortant, et même sa partie le plus longtemps et le plus fortement chauffée viendra s'y loger momentanément pendant le passage au point mort. On comprend donc que, bien que l'état d'équilibre de température du cylindre, pris dans son ensemble, soit rigoureusement maintenu et que l'injection d'eau théorique ait produit son effet moyen, la tige du piston puisse s'échauffer et endommager à la longue le presse-étoupes.

Si, au contraire, par une injection d'eau seule, on arrive à vaporiser dans le cylindre non-seulement l'eau nécessaire à l'absorption de la chaleur dégagée, mais encore celle nécessaire à la formation de la vapeur de remplissage et d'obturation, au lieu de l'amener directement de la chaudière, on aura vaporisé dans les cylindres, 15 kil. 18 d'eau au lieu de 5 kil. 36, et par suite on aura déterminé la précipitation dans le milieu où se produit le dégagement de chaleur, et dont la tige du cylindre occupe l'axe, un supplément de 9 kil. 88 d'eau, qui ne se vaporisera pas, et qui rendra humide la vapeur retournant à la chaudière. La tige du piston, baignée par cette atmosphère aqueuse, sera donc dans de bien meilleures conditions que dans le cas précédent.

Il semble qu'à ce point de vue il ne soit pas indifférent, abstraction faite de toute autre considération, de prendre la vapeur de remplissage dans la chaudière ou de la former dans les cylindres mêmes.

A deux reprises différentes, avec injection surabondante de vapeur et d'eau seule, ou d'eau seule mais en quantité restreinte, au momentoù l'arrêt d'un train lancé à grande vitesse avait été obtenu par la contre-vapeur à fond de course, j'ai vu constater par les mécaniciens un échauffement très-sensible des tiges, des garnitures, des presse-étoupes, et des pièces métalliques qui les avoisinent ; je crois même qu'il y a partout une certaine répugnance de la part des mécaniciens à marcher à contre-vapeur à fond de course. Dans quelques cas les règles de service prescrivent de n'employer la contre-vapeur que jusqu'à 5 ou 6 dixièmes d'admission.

Je n'ai donc pas manqué de profiter de l'occasion qui m'était offerte sur la rampe de Saint-Gobain pour tâcher d'éclaircir la question. Après une marche à fond de course, prolongée sur 4 kilomètres, avec une vitesse exagérée, toute injection de vapeur supprimée, il a été reconnu sans hésitation par les hommes spéciaux qui assistaient à l'expérience, que les tiges de piston étaient exactement dans l'état où les avait laissées quelques instants auparavant la marche directe à pleine admission, et que la course aurait pu continuer indéfiniment sans changer cet état. Ce fait isolé, mais très-décisif, rapproché des résultats généraux que donne l'injection de l'eau seule dans les essais ou dans les applications qui se poursuivent, permet d'admettre qu'on peut travailler à fond de course, sans altération des presse-étoupes.

§ 3. — *Limite de travail de la contre-vapeur.*

L'emploi de la contre-vapeur a une limite qui résulte des conditions dans lesquelles se trouve successivement la pression résistante aux différentes parties de la course ; à égalité d'admission, ou pour un même cran de la distribution, toutes choses égales d'ailleurs, la pression moyenne en contre-vapeur est beaucoup plus faible qu'en marche directe. Il suffit de regarder les diagrammes pour constater ce fait et pour se rendre compte des circonstances auxquelles il est dû. La détente de la vapeur comprimée dans l'espace nuisible produit un travail direct considérable qui vient en déduction du travail de résistance. Pendant l'admission, le cylindre, au lieu de commencer à se remplir pendant que le piston va lentement, doit au contraire recevoir la quantité considérable de vapeur qu'il absorbe pendant que le piston est au maximum de sa vitesse, de telle sorte que la pression ne monte que graduellement ; la détente et l'avance à l'échappement, qui donnaient en marche directe une portion de diagramme bien fournie, ne fournissent plus qu'une figure creuse.

Pour obtenir une mesure exacte des différences qui existent dans des circonstances comparables, il faudrait relever un nombre considérable de diagrammes, et rapprocher tous ceux qui correspondent, pour une même machine, à une même admission, à une même pression et à une même vitesse.

J'ai fait un calcul approximatif, en construisant un diagramme de marche directe sur le diagramme de la figure 8, pl. 2, admission de 67 0/0, vitesse de 22 kilomètres à l'heure, pression effective de 6 kil. 1/2 par centimètre carré ; j'ai supposé à cet effet que, pour une machine de ce type dans laquelle les dégagements de vapeur sont faciles, la perte de pression entre la chaudière et le cylindre et la contre-pression pendant l'échappement seraient respectivement de 1/2 kilogramme par centimètre carré. — J'ai trouvé ainsi une pression moyenne de 3 kil. 7, au lieu de 2 kilogrammes pour la contre-vapeur (page 58). Le rapport est de 0,54.

L'accélération de vitesse dans la marche en avant, diminue sensiblement la surface du diagramme et la pression moyenne ; elle augmente peut-être, plutôt qu'elle ne la diminue, la pression moyenne dans la marche à contre-vapeur. On peut donc, je crois, compter dans la pratique, pour les admissions à grande course, sur un rapport de 55 à 60 0[0. — Ce rapport diminue pour les faibles admissions ; à 15 0/0, par exemple, le travail direct de la vapeur est encore considérable, et il devient à peu près nul pour la contre-vapeur, qui n'est plus qu'un moyen détourné de créer une résistance par les frottements du mécanisme.

On peut se rendre compte avec cette donnée approximative de la charge qu'une machine déterminée pourra descendre en supplément, sur un plan incliné, comparativement à ce qu'elle peut monter.

Si l'on suppose une machine à 8 roues accouplées, assez puissante pour remonter 15 wagons à houille de 14 tonnes 1/2, graissés moitié à l'huile et moitié à la graisse, à la vitesse de 15 à 16 kilomètres à l'heure, sur une rampe de 18 millimètres par mètre, l'effort permanent à exercer par la machine sera, en ayant recours aux formules MM. Vuillemin, Guebhard et Dieudonné pour ce qui concerne le frottement des wagons :

Résistance du train $217^t,5 \times 2^k,77$ =	602 kil.
Résistance de la machine et du tender .	620
Résistance additionnelle de la machine en travail	460
Action de la gravité sur $279^t,5$ à 18 kilogrammes	5031
	6713 kil.

En désignant par x la charge supplémentaire à la descente, que je suppose effectuée à la vitesse de 30 kilomètres à l'heure, ce qui porte à $3^{kg}47$ le coefficient de résistance du véhicule, en supposant enfin que la contre-vapeur rende à fond de course 60 0/0 du travail direct, on aura :

$$(279^t,5 + x) \times 18^{kg}. - (217 \text{ ton.} + x) \times 3^{kg},47 - 1{,}080^{kg}. = 0{,}60 \times 6{,}713.$$

D'où $x = 57^t, 2$, ou à très-peu près 4 wagons de 14 tonnes 1/2. — La machine qui aurait remonté 15 wagons en descendrait 19.

Dans l'expérience de Saint-Gobain, on n'a pas pu descendre 22 wagons et un fourgon sans le concours des freins; mais on a descendu 17 wagons à houille, plus un fourgon vide, à une vitesse supérieure à 30 kilomètres, et la résistance additionnelle due à la vitesse et surtout aux courbes ont permis de marcher au 6e cran, au lieu de placer le tiroir à fond de course. Si l'expérience avait pu être répétée en faisant varier à chaque fois le nombre des wagons, on serait arrivé très-près du nombre calculé.

Un procédé semblable permet de déterminer sur

quelle pente le train, remorqué en montant par une machine donnée, ne pourra pas être surchargé à la descente, si l'on veut que la machine modère seule sa vitesse. Je supposerai les mêmes données quant à la vitesse, 16 et 30 kilomètres à l'heure, et la même machine faisant à fond de course une traction de 6,700 kilogrammes. En désignant par i l'inclinaison, par T la charge du train remorqué, on aura :

$$T \times 2,77 + 1,080 + (T + 62)\, i = 6,700.$$
$$(T + 62)\, i - 1,080 - T \times 3,47 = 4,020.$$
$$\text{D'où } T = 83^{t},33 \text{ et } i = 37^{mm},08.$$

Si l'on suppose à la descente comme à la remonte une vitesse de 16 kilomètres à l'heure, la charge resterait la même et on aurait $i = 36,88$.

La conclusion qu'on pourrait tirer de ces calculs, qui ne sont qu'approximatifs, c'est que sur une rampe de 35 à 36 millimètres on pourrait faire le service dans les deux sens, sans recourir aux freins, avec une machine à 8 roues accouplées, marchant à 15 ou 16 kilomètres à l'heure, et remorquant 6 wagons de marchandises à pleine charge ou 10 à 11 voitures de voyageurs.

Il y a, en outre, une limite accidentelle à l'emploi de la contre-vapeur ; le travail de résistance obtenu est assez considérable pour que la machine patine sur des rails un peu gras ; elle patine naturellement moins que dans la marche directe, mais les cas sont encore assez fréquents. Il ne paraît pas que la machine souffre plus que d'habitude, lorsque cette circonstance se présente.

§ 4. — *Calcul pratique des injections.*

On peut avoir intérêt à se rendre compte par des calculs approximatifs de la quantité d'eau à injecter dans les cylindres, pour éviter toute rentrée de gaz fixes ; ainsi qu'on l'a vu par plusieurs exemples, la quantité d'eau nécessaire pour rafraîchir n'est qu'une fraction de la quantité d'eau totale à vaporiser pour le remplissage ; le calcul de remplissage du cylindre est donc le seul intéressant dans la pratique. — Je crois, d'après l'ensemble des faits qui me sont connus, qu'on peut adopter le mode de calcul que j'ai suivi pages 81 et 82, pour déterminer les volumes d'aspiration, lors-les chiffres obtenus pourront être sans inconvénient des maxima un peu forts.

Une fois ces volumes connus, on peut calculer le poids de la vapeur qui les remplirait pour chaque cylindre, puis multiplier le nombre des cylindrées par la densité de la vapeur à 100° ; on obtiendra pour chaque pression de la chaudière, pour chaque vitesse et pour chaque cran d'admission, un nombre maximum indiquant le poids d'eau à injecter par minute.

Je reproduis ici les calculs que j'avais faits à l'occasion de la dernière expérience de Saint-Gobain, dont j'ai rendu compte page 73 ; c'est un type sur lequel on pourra se guider pour faire des tableaux semblables, soit pour préparer des expériences, soit pour guider les mécaniciens dans la manœuvre du robinet d'injection.

DONNÉES PRINCIPALES.

Course des pistons							0m66
Diamètre							0 50
Diamètre des roues							1 25
Capacité moyenne de l'espace nuisible							8 litres.
Nombre de tours de roues par minute	1 1/2 — 2 — 2 1/2 — 3						
Nombre de cylindrées par minute	6 — 8 — 10 — 12						
Vitesse en kilomètres à l'heure	18 — 24 — 30 — 36						
Pression absolue de la vapeur							8 atmosph.
Volume occupé par la vapeur détendue							48 litres 36
Volume correspondant au retard du tiroir							4 — 90
Volume du cylindre							129 — 56
Crans de la distribution	2	3	4	5	6	7	8
Volumes moyens de refoulement	55l 94	45l 15	36l 21	29l 44	24l 73	20l 81	17l 86
Volumes moyens et nets d'aspiration	16 36	31 15	40 09	46 66	51 37	55 29	58 24

Au premier cran, le calcul donnerait un volume d'aspiration négatif, ce qui s'accorde bien avec les résultats accusés par l'indicateur.

Avec ces différents éléments on peut former le barême suivant, qui donne les injections d'eau seule, pour les différents crans d'admission et pour les différentes vitesses exprimées en kilomètres à l'heure.

TABLEAU.

NUMÉROS des CRANS.	TABLEAU DES DÉBITS EN KILOGRAMMES PAR MINUTE.			
	V = 18km	V = 24km	V = 30km	V = 36km
2....	3kg5	4kg6	5kg8	8kg0
3....	6 8	9 1	11 3	13 6
4....	8 7	11 7	14 6	17 5
5....	10 2	13 6	17 0	20 4
6....	11 2	14 9	18 7	22 5
7....	12 1	16 1	20 1	24 30
8....	12 7	17 0	21 2	25 40

On peut considérer les nombres ainsi calculés comme très-notablement supérieurs à la réalité; si le mécanicien les prenait comme point de départ, il pourrait sans aucun doute les réduire par tâtonnement, en se réglant sur l'apparence du panache. — On pourrait d'ailleurs chercher par des expériences directes le coefficient de réduction qu'il faudrait appliquer aux résultats de pareils calculs.

Il serait certainement utile que chaque mécanicien eût dans sa collection d'ordres de service, ou sur un tableau attaché à l'arrière de la machine, un pareil barême, et surtout un barême rectifié par des expériences, au moyen duquel il se rendrait compte *à priori* des conditions d'injection où il devra se placer pour un cas déterminé de service et pour une machine d'un type connu.

Il n'y aurait pas d'ailleurs intérêt à faire un barême pour chaque degré de la pression; il suffit de faire les calculs pour la pression normale de la chaudière. Quand la pression baisse, le travail de résistance et l'échauffement diminuent, mais le débit du robinet diminue aussi naturellement.

Dans la pratique, le mécanicien n'aurait pas à passer successivement par tous les termes de ce barême, pour régler son injection. Il a l'habitude de marcher avec une certaine vitesse, et cette vitesse est d'ailleurs prescrite par les règlements de service; il sait, de plus, d'après la charge du train, entre quels crans d'admission il doit marcher. Il pourrait adopter quelques termes de l'échelle sur lesquels il se réglerait habituellement.

Je suppose une pente et une charge telles qu'il faille marcher du 4e au 6e cran inclus pour maintenir la vitesse aux environs de 24 kilomètres. Le mécanicien, après avoir mis en train l'injection, la fixera au cran correspondant à 15 kilogrammes par minute et pourra rester là, sans se préoccuper de changer l'ouverture du robinet, tant que l'admission sera au 4e, au 5e ou au 6e cran. — S'il voit un signal de ralentissement, il mettra l'injection à 18 ou 20 kilogrammes et l'admission à 8. — Je rappelle d'ailleurs que lorsqu'on procède par voie d'injection d'eau, sans vapeur, ou avec très-peu de vapeur, une insuffisance momentanée d'injection et la suppression du panache n'ont d'autre inconvénient qu'une rentrée d'air, dont on se débarrasse facilement au moyen du souffleur pour remettre les appareils Giffard en état de marcher.

Si l'on juge convenable de marcher avec une certaine proportion de vapeur, surtout pour le cas de vitesses faibles, où il peut être utile de faire foisonner l'eau à l'état d'émulsion, on pourra ouvrir le robinet de vapeur d'une quantité fixe, donnant un débit de 5 kilogrammes par minute, et réduire l'injection d'eau à 10 kilogrammes, pour la porter au besoin à 15 sans faire varier celle de vapeur.

Mais pour éviter la déperdition de chaleur par une évacuation exagérée de vapeur, il vaudra mieux que le mécanicien se donne plusieurs termes d'injection, correspondant à des crans plus rapprochés.

§ 5. — *Frein à vapeur de M. Krauss.*

La solution du problème de la contre-vapeur est encore de date récente; on peut donc s'attendre à voir surgir des combinaisons nouvelles. — M. G. Kräuss de Munich a imaginé récemment un système particulier dans lequel on ne renverse pas la distribution, mais seulement le sens d'action de la vapeur. — J'emprunte les détails qui suivent à une description assez incomplète que je trouve, au moment de l'impression de ce mémoire, dans le bulletin de Janvier-Février de l'association des anciens élèves de l'École des mines de Paris.

M. Krauss place le régulateur dans la boîte à fumée, et ajoute à la boîte qui le renferme un appendice, ou canal, qui fait communiquer la chaudière avec le tuyau d'échappement. — Les boîtes de tiroirs sont mises à volonté en communication avec la cheminée chacune par un petit tuyau,

Pour agir à contre-vapeur, le mécanicien, sans renverser le levier de changement de marche, ferme le régulateur et le tuyau d'échappement; il ouvre la communication avec la chaudière et celle des boîtes à tiroirs avec la cheminée.

En se reportant aux diagrammes de la figure 1, planche 1, on peut suivre les effets qui se produisent. — Au moment où commençait la période d'avance à l'échappement, la vapeur de la chaudière, passant par le tuyau d'échappement, pénètre dans le cylindre pour le remplir; lorsqu'après le passage au point mort le piston rétrograde, il refoule la vapeur dans la chaudière jusqu'au point où commence la compression. — A ce moment la communication avec la chaudière cesse, et la vapeur est comprimée dans l'espace libre et refoulée dans la boîte de tiroir, où elle pénètre en soulevant le rebord du tiroir; de la boîte du tiroir la vapeur s'échappe dans la cheminée par le petit tuyau établi et ouvert à cet effet.

Mais le tiroir est également pressé en dessous, et sur une grande surface pendant que le cylindre est en communication avec la chaudière par le tuyau d'échappement; M. Krauss a donc été obligé de le maintenir sur son siége au moyen d'un large piston qui s'appuie sur sa surface supérieure, et qui est pressé lui-même par la vapeur de la chaudière.

La description est incomplète et n'indique pas ce qui se produit lorsque la période de compression cesse et que le tiroir ouvre la libre communication de la boîte du tiroir avec le cylindre; il doit y avoir, pendant la période d'admission, entrée des gaz de la cheminée ou production d'un vide partiel, puis compression pendant la période de détente.

Il est indiqué qu'on peut ouvrir le régulateur partiellement, et produire en même temps un certain étranglement de la communication entre la chaudière et l'échappement, de manière à admettre de la vapeur sur les deux faces du piston; le travail de résistance est dû alors à la différence des pressions exercées de part et d'autre.

Cet agencement de tiroirs et de robinets est compliqué malgré le soin que l'inventeur a pris de les conjuguer; mais on comprend qu'il y a là les éléments d'un frein à vapeur puissant.

RÉSUMÉ.

La question de la contre-vapeur se réduit à des termes très-simples :

Le travail à vapeur renversée produit dans l'intérieur des cylindres un dégagement de chaleur plus ou moins considérable suivant le cran de la distribution ; on absorbe cette chaleur en faisant pénétrer dans les cylindres une quantité d'eau plus ou moins considérable qui s'y réduit en vapeur. On réussit à produire cet effet en établissant un tuyau de petit diamètre qui va de la chaudière à la base du tuyau d'échappement, le plus près possible des cylindres, et qui est pourvu d'un robinet à la main du mécanicien, au moyen duquel celui-ci règle la quantité d'eau injectée.

C'est une combinaison qui offre une certaine analogie comme but à remplir, et comme moyen de l'atteindre, avec la condensation dans les machines à vapeur fixes.

Le raisonnement et l'expérience montrent que non-seulement on peut faire pénétrer dans les cylindres une quantité d'eau suffisante pour absorber la chaleur équivalente au travail de résistance que la machine accomplit, mais qu'on peut encore y produire assez de vapeur pour achever de remplir le volume engendré par le piston pendant la période d'aspiration, et de plus qu'on peut en obtenir un excès, qui, en s'échappant à l'extérieur, empêche toute rentrée d'air ou de gaz fixes dans la chaudière.

La quantité d'eau à vaporiser pour empêcher l'échauffement est une fraction seulement de la quantité totale nécessaire pour assurer le remplissage des cylindres. On peut donc, dans des limites telles qu'elle ne devienne pas une cause de détournement de l'eau qui est nécessaire au rafraîchissement, substituer la vapeur prise dans la chaudière à celle qui se formerait dans les cylindres, et réduire en conséquence la quantité d'eau injectée.

Mais cette substitution exige des précautions spéciales, dans lesquelles on doit tenir compte du mode de règlement de la distribution et de l'amplitude des volumes d'aspiration. A une certaine limite la vapeur envoyée de la chaudière, s'ajoutant à celle qui se forme dans les cylindres, devient un obstacle à ce qu'il pénètre dans ceux-ci une quantité d'eau suffisante.

L'addition de la vapeur n'est pas une nécessité, mais dans beaucoup de cas elle est utile à titre de véhicule, de réchauffeur, etc., pour l'émulsion qui sort du robinet d'eau.

Le principe de la contre-vapeur peut donc s'énoncer dans ces termes très-simples :

« 1° *Injection d'eau obligatoire ;*

« 2° *Injection de vapeur facultative*, dans des limi-
« tes telles qu'elle n'empêche pas l'eau de remplir sa
« fonction. »

J'aurais pu me borner, dans ce mémoire, à prendre comme sommaire le résumé qui précède, ou le programme que j'avais donné dès l'origine des essais ; cela m'aurait suffi pour faire un exposé complet de la question de la contre-vapeur. Mais, les idées qui ont été mises en circulation par le mémoire de M. Ricour, et les moyens d'application employés jusqu'ici, dans lesquels on a fait jouer à la vapeur un rôle nécessaire, ont naturellement jeté une grande confusion dans les esprits ; il m'a paru indispensable d'entrer dans des détails qui sans cela auraient pu être évités.

J'ai beaucoup insisté sur l'injection de l'eau afin de poser la question sur son véritable terrain ; mais je suis bien loin de repousser systématiqnement l'emploi de la vapeur. Je proposerai dans le chapitre intitulé *Mode d'application* d'en faire usage dans des circonstances très-variées ; il fallait seulement définir son rôle véritable.

Les limites dans lesquelles la vapeur peut être ajoutée ou substituée à l'eau ne peuvent, à mon avis, être fixées utilement que par des expériences directes. Il faudrait à cet effet, pour chaque vitesse, soit en faisant varier la charge, soit en opérant sur des pentes différentes, marcher successivement aux différents crans d'admission, et faire varier, à partir de l'injection d'eau seule, les proportions relatives d'eau et de vapeur ; on constaterait avec un thermomètre le point où la température commence à se surélever dans la boîte des tiroirs ; on contrôlerait ces déterminations par la sensibilité de manœuvre de la vis, qui devient plus dure dès que les tables des tiroirs se sèchent et commencent à chauffer. — Ces déterminations devraient être faites pour les différents types de distribution, car, à égalité d'admission, les volumes d'aspiration et les facilités d'introduction de l'eau varient d'un type à un autre.

Il est facile maintenant de saisir l'identité qui existe entre la solution du problème de la contre-vapeur et le programme que j'ai posé avant les essais. — On a reproché à ce programme d'être trop concis, mais la lecture attentive de ma lettre du 19 septembre 1865, et celle de ma lettre du 21 février, insistant sur le point le plus essentiel, suffisaient certainement pour montrer :

1° Qu'il fallait commencer par établir un tuyau de petit diamètre allant de la chaudière à la base du tuyau d'échappement ;

2° Qu'il fallait commander ce tuyau par un robinet à la main du mécanicien, ce qui n'avait d'ailleurs pas besoin d'être exprimé ;

3° Qu'il fallait faire rentrer dans la chaudière le mélange d'air et de vapeur, ou la vapeur seule, ou la vapeur chargée d'eau, refoulés par les pistons, ce qui impliquait la manœuvre connue et souvent pratiquée de l'ouverture du régulateur ;

4° Qu'il fallait essayer successivement une injection partielle de vapeur, une injection de vapeur en excès suffisant pour exclure l'air, et finalement l'injection, au lieu et place de la vapeur, d'un filet d'eau.

Dans l'exécution, le tuyau d'injection a 25 à 30 m/m de diamètre, ce qui, certes, ne constitue pas un gros tuyau. L'eau nécessaire pour assurer le rafraîchissement des cylindres et en même temps l'obturation, dans les cas de grand travail à contre-vapeur, est débitée par un orifice d'une dizaine de millimètres carrés, ce qu'on ne peut exprimer que par les mots de *petit jet* ou *petit filet*; la difficulté pratique est la petitesse de la section du robinet d'eau et l'incertitude que donne sur le débit le moindre jeu dans les pièces qui le commandent.

Si ce programme avait été fidèlement suivi, un premier voyage d'un train un peu lourd et un peu rapide aurait montré qu'avec un mélange d'air et de vapeur les garnitures brûlaient au bout de 3 à 4 kilomètres; un second voyage avec la vapeur seule aurait fait voir que le même effet se produisait au bout de 5 à 6 kilomètres. — On aurait fait rentrer la machine aux ateliers pour déplacer le robinet et pour le mettre au-dessous du plan d'eau, ou bien on aurait placé un second robinet, avec un branchement sur le tuyau déjà installé; et, au troisième voyage, en lâchant dans le tuyau d'injection un filet d'eau plus ou moins considérable, on aurait vu qu'il sortait par la cheminée un torrent de vapeur; qu'il n'entrait pas d'air dans la chaudière et que rien ne chauffait ni ne souffrait dans le mécanisme.

C'est ce troisième voyage que j'ai fait, pour la première fois, le 5 janvier 1869, sur la rampe d'Étampes; l'expérience a consisté à fermer exactement la vanne de distribution de la vapeur et son robinet de sûreté, et à ouvrir le robinet d'eau d'une quantité fixée un peu au hasard. Tout a marché sans la moindre difficulté du premier coup, et aujourd'hui le service des fortes pentes sur tout le réseau d'Orléans se fait sans injection de vapeur.

Dans des expériences de ce genre, il ne devait y avoir de tâtonnements à faire que pour fixer le diamètre des tuyaux et la section des robinets à adopter dans la pratique, et pour choisir le meilleur point de pénétration de l'injection.

Mode d'application.

§ 1er. — *Règles à suivre pour l'injection.*

Les règles à suivre pour l'injection de l'eau dans les cylindres, et pour l'addition de la vapeur lorsqu'il y a lieu, varient naturellement avec les conditions du service.

Pour montrer les bases qui me paraissent devoir être adoptées dans l'établissement de ces règles, je passerai en revue les trois types principaux de machines.

Lorsqu'un train de voyageurs descend une pente, qui est voisine de la limite d'inclinaison où la gravité lui communiquerait sa vitesse normale, si la machine est dans le cas d'intervenir pour modérer la vitesse, elle n'aura qu'un très-faible travail à effectuer, et l'admission à contre-vapeur n'aura lieu que dans les crans tout à fait inférieurs de l'échelle. Si l'on avait recours à l'injection d'eau pour produire dans le cylindre même la quantité de vapeur nécessaire à l'obturation, et en même temps pour absorber le peu de chaleur que développe le travail de résistance, il faudrait employer des robinets et un tuyau d'injection d'une section extrêmement réduite; cela serait nécessaire afin de donner au mélange d'eau et de vapeur, formé à la sortie de la chaudière, une vitesse de circulation convenable, pour prévenir les condensations, la formation d'eau liquide et pour éviter des exagérations de débit. — Pour arrêter le train lancé en vitesse, surtout en cas de signal d'alarme, le mécanicien devrait mettre la marche arrière à fond de course; il faudrait, au contraire, un tuyau assez gros pour permettre de lancer une quantité de vapeur aqueuse proportionnée aux volumes à remplir et aux quantités de chaleur à absorber. Le tuyau d'injection qui serait suffisant dans le premier cas, ne pourrait pas convenir dans le second.

Une combinaison très-favorable consistera donc, à mon avis, à poser un tuyau d'injection de 25 à 30 millimètres de diamètre, avec deux robinets : l'un pouvant distribuer par son ouverture graduelle jusqu'à fond de course environ 5 kilogrammes d'eau, l'autre pouvant distribuer jusqu'à 10 kilogrammes de vapeur. Une machine Crampton dont les cylindres auraient 42 centimètres de diamètre et 55 centimètres de course, avec roues de 2^m^10, lancée à la vitesse de 80 kilomètres à l'heure, pourrait être mise brusquement à contre-vapeur à fond de course, avec cette double injection, sans qu'il y eût rentrée d'air même au début de l'action inverse. Pour une faible injection de 3 kilogrammes en totalité, par exemple, soit 1 kilogramme d'eau et 2 kilogrammes de vapeur, la vitesse du mélange serait encore de 85 mètres environ dans le tuyau. — La meilleure combinaison, à mon avis, serait de disposer deux robinets conjugués, ou deux tiroirs commandés par une même tige, sous la main *gauche* du mécanicien.

Lorsque la machine marcherait à contre-vapeur à la descente des pentes de 10 à 12 millimètres, c'est-à-dire au 2e ou 3e cran de la marche en arrière, le rafraîchissement des cylindres serait suffisant ; dans le court intervalle de temps nécessaire pour un arrêt brusque il y aurait un peu de chauffage, mais il serait insuffisant pour altérer l'état des pièces frottantes, et il serait au contraire utile dans une certaine mesure pour augmenter par le frottement l'efficacité de la contre-vapeur.

Pour une machine à marchandises à 6 ou à 8 roues accouplées, destinée à faire à la fois le service courant sur des rampes de 5 à 10 millimètres, et sur des plans inclinés où elle aurait à travailler à fond de course pendant de longs trajets, il y a plusieurs conditions à remplir. — Il convient de faciliter la manœuvre de mise en train ou de suppression de la contre-vapeur et de soustraire le mécanicien à l'obligation de manœuvrer un grand nombre de fois le robinet d'injection, soit pour l'ouvrir au fur et à mesure qu'il pousse la marche à un cran plus avancé, soit pour le fermer graduellement au fur et à mesure du retour à la marche en avant ; il est utile d'ailleurs, avant la mise à contre-vapeur, de purger le tuyau d'injection de l'eau qui s'y trouve condensée et de le réchauffer pour empêcher au début la condensation du mélange. — Lorsque la machine fonctionne à contre-vapeur pour modérer la vitesse d'un train sur une pente faible, avec admission aux premiers crans de la marche en arrière, il est bon de faire foisonner le mélange d'eau et de vapeur sortant du robinet, par l'addition d'une certaine quantité de vapeur, de telle sorte qu'il conserve encore dans le tuyau d'injection une assez grande vitesse. Enfin, si la chaudière, au moment où la pente va être abordée, est en basse pression, la proportion de vapeur formée par l'abaissement de la pression sera faible, et le mélange pourra contenir l'eau à l'état de grosses gouttelettes, manquer de vitesse dans le tuyau d'injection et même subir des condensations pendant la saison froide.

Je propose donc d'établir deux robinets distincts, l'un pour une injection de vapeur limitée à un débit maximum de 4 à 5 kilogrammes par minute, l'autre pour l'injection de l'eau, pouvant débiter jusqu'à 30 ou 40 kilogrammes pour les cas extrêmes de travail et de vitesse.

Le mécanicien avant de renverser la marche, pour descendre une pente de forte inclinaison, ouvrirait le robinet de vapeur en grand, avancerait la vis aux premiers crans de la marche arrière, et ouvrirait le robinet d'eau à moitié; dès qu'il arriverait aux crans ordinaires que comporte la charge du train et la pente, il achèverait d'ouvrir le robinet d'eau et fermerait le robinet de vapeur. Pour arrêter au bas du plan incliné, une fois le ralentissement à moitié obtenu, il commencerait par diminuer une première fois l'injection d'eau; il ouvrirait ensuite l'injection de vapeur et achèverait en fermant successivement l'injection d'eau, puis celle de vapeur.

Pour le travail à faible admission, le mécanicien maintiendrait l'injection simultanée d'eau et de vapeur. en réduisant à moitié celle de vapeur et en ouvrant ou fermant celle d'eau suivant le besoin; le mélange circulerait encore rapidement dans le tuyau d'injection.

Dans le cas de faible pression dans la chaudière, on ouvrirait un peu l'injection de vapeur, pour faire foisonner le mélange et pour éviter de fournir aux cylindres de l'eau en gouttes trop volumineuses. Une addition de vapeur pourra sans doute également convenir, lorsque la marche sera réglée à une très-faible vitesse (1).

Les machines mixtes pourront être soumises au même régime que les machines à voyageurs, et pourvues de deux robinets ou de deux tiroirs conjugués; pour les placer dans une condition mixte, comme leur propre service, il sera convenable d'augmenter la proportion d'eau, mais en donnant une certaine avance à l'injection de vapeur pour faire croître ensuite l'injection d'eau plus rapidement que celle de vapeur. On pourrait, par exemple, adopter une combinaison d'ouvertures pour les robinets qui donnerait :

Au premier	cran, eau	0 kg.	vapeur	2 kg.
Au deuxième	—	2	—	3 —
Au 6e et dernier	—	12	—	6 —

En conseillant de rendre solidaires les robinets ou les tiroirs des machines à voyageurs, à roues indépendantes ou à roues accouplées, je n'entends pas recommander d'une manière générale cette combinaison; appliquée à des cas où la contre-vapeur a surtout pour objet d'accomplir un travail très-limité ou de fonctionner accidentellement et sans hésitation, appliquée avec des proportions convenablement établies, elle peut rendre des services par sa simplicité; mais elle offre de sérieux inconvénients lorsqu'elle a pour effet, comme cela a eu lieu sur le chemin de fer du Nord de l'Espagne, de rendre obligatoires des proportions de vapeur et d'eau qui ne répondaient pas aux exigences du service à accomplir.

Je n'ai pas d'ailleurs la prétention, en donnant les indi-

(1) Voir la note A, page 148.

cations qui précèdent, de formuler des préceptes absolus. J'ai voulu seulement montrer, une fois les principes sur lesquels repose l'emploi de la contre-vapeur bien établis, quel parti on peut tirer des éléments dont on dispose, dans quel ordre d'idées il convient de se placer pour arriver à des combinaisons simples quant à la construction et à la manœuvre, et efficaces dans toutes les circonstances de service où les machines de chaque catégorie ont à fonctionner. — Il est clair que pour chaque type de machines, et pour chaque genre de service, les combinaisons peuvent varier. La chose essentielle est d'envoyer assez d'eau et de ne pas envoyer trop de vapeur.

Dans les cas d'injection d'eau seule, l'expérience montrera s'il est nécesaire de serrer les valves de l'échappement et s'il y a même lieu de fermer complétement le tuyau, suivant la disposition essayée par M. Laurent.

§ 2. — *Position des points d'injection*,

Le tuyau d'injection, il est à peine nécessaire de le rappeler, doit être bifurqué avec une symétrie complète.

Il convient en général de faire déboucher les branches du tuyau d'injection le plus près possible des lumières, et par conséquent dans la lumière même d'échappement, et de préférence du côté opposé à l'origine du tuyau d'échappement. Lorsqu'on injectera de l'eau seule il suffira, pour reconnaître que l'injection est suffisante, de constater qu'il y a un courant de vapeur sortant par la cheminée; il en sera de même avec l'injection d'eau et de vapeur, lorsque le poids de la vapeur sera notablement inférieur à celui de l'eau. Il n'est plus nécessaire, dans ce cas, d'assujettir le mécanicien à faire primer la cheminée, ce qui avec l'injection au plus près des lumières, semble pouvoir être évité lorsque la quantité d'eau injectée n'est pas en grand excès.

§ 3. — *Robinets d'injection.*

Le mode le plus convenable pour la fermeture des orifices d'injection est le robinet vanne de M. Marié, il permet au moyen d'un index placé sur la tige même du tiroir, et par conséquent indépendant du jeu dû à l'usure des pièces de manœuvre, de repérer les ouvertures mesurées sur une échelle fixe.

La vis est très-commode pour graduer les ouvertures, mais, si l'on adoptait les combinaisons que je propose, je serais d'avis pour les machines à voyageurs et mixtes de commander le tiroir double par un levier mobile contre un petit secteur divisé, avec arrêt aux extrémités de la course, placé de telle sorte que le mécanicien puisse le manœuvrer brusquement de la main gauche, en même temps qu'il met la vis en mouvement de la main droite.

La même disposition devrait être appliquée au tiroir indépendant pour injection limitée de vapeur, dans le cas des machines à marchandises, l'injection de l'eau étant manœuvrée par la vis. Mais dans tous les cas il me paraît essentiel d'augmenter la course actuelle du tiroir qui règle l'injection d'eau, en diminuant la largeur de la lumière, sauf à donner à la vis un pas plus allongé.

Comme exemple de jaugeages, je citerai ceux qui ont été faits aux ateliers du chemin de fer du Nord, sur la machine employée aux expériences de Saint-Gobain. Le tuyau d'injection établi primitivement pour le mélange d'eau et de vapeur portait 40^{mm} de diamètre intérieur, et le tiroir de distribution de l'eau avait une largeur de 4^{mm}; la pression était de 8 atmosphères; l'émulsion d'eau et de vapeur formée à la sortie de la chaudière a été recueillie par condensation avec l'eau.

Course du tiroir en millimètres.	Section de l'orifice en millimètres carrés.	Débit par minute.
1^{mm} 1/2	6^{mmq}.	14^{kg}. 0
2 1/2	10 »	21 5
3 1/2	14 »	27 5
4 1/2	18 »	33 0
5 1/2	22 »	36 0
6 1/2	26 »	42 0
11 1/2	46 »	62 0
26 1/2	106 »	83 0

Le débit dépend beaucoup de la section des tuyaux, de leur longueur, et de leurs contours ; les jaugeages doivent être faits sur le tuyau pourvu de ses deux branchements ; on vérifie par la même occasion l'égalité du débit.

Dans les premières divisions de ce tableau, chaque millimètre de course au delà de 1^{mm} 1/2 a donné environ 6 kilogr. d'augmentation ; c'est une variation beaucoup trop considérable pour d'aussi petites excursions de l'index sur l'échelle ; même avec du soin, le mécanicien est exposé à faire des injections hors de proportion avec le but à atteindre. — Je crois donc qu'il serait nécessaire de réduire l'orifice à 2 ^{mm} ou même à 1 ^{mm} de largeur, sauf à mettre à la boîte de prise d'eau un robinet de purge, comme au tube indicateur de niveau, pour vérifier et nettoyer au besoin l'appareil.

§ 4. — *Modification du système d'injection.*

J'ai signalé plusieurs fois les difficultés qu'offre l'injection de l'eau et de la vapeur dans les cylindres, lorsqu'on prend pour point de départ les branches du tuyau d'échappement.

Pour chaque cylindrée il sort deux fois de la vapeur par une même lumière : pendant la période d'expansion qui suit la détente et pendant le refoulement ; l'aspiration n'a lieu au contraire qu'une fois. Il y a donc, pour chacune des deux branches de l'échappement, par tour de roue, quatre sorties et deux entrées de vapeur ; mais les sorties se suivent deux à deux ou à peu près, de telle sorte qu'on peut compter seulement deux courants de l'intérieur à l'extérieur et deux courants de l'extérieur à l'intérieur.

Le mouvement de la vapeur change quatre fois de sens par tour de roue, c'est-à-dire huit fois ou douze fois par seconde, si le nombre de tours de roue dans cet intervalle est de 2 ou de 3 ; le courant de vapeur aqueuse qui arrive de la chaudière est au contraire constant. Il n'est donc pas étonnant qu'il y ait des projections d'eau à l'extérieur, soit en dehors de la cheminée, soit dans la boîte à fumée. Le changement de position de l'orifice d'injection, lorqu'on le déplace du point habituellement choisi pour l'implanter sur la paroi même de la lumière d'échappement, au plus près du tiroir, fait que le mélange qu'on se propose d'introduire dans le cylindre n'a plus qu'un défilé à traverser.

L'expériencemontre que cette dernière disposition suffit pour faire pénétrer des quantités suffisantes d'eau dans les cylindres, tout en évitant les projections à l'extérieur de la cheminée ; mais si l'eau est en excès, il y en a encore une partie entraînée par les bouffées de vapeur sortant du cylindre.

Il y avait donc lieu d'examiner s'il n'y aurait pas de solution plus régulière et plus satisfaisante à trouver. — L'examen des diagrammes montre que l'on peut essayer deux combinaisons nouvelles ; il y aurait certainement des difficultés pour assurer le succès de l'une ; mais personne n'éprouverait d'embarras à réaliser les dispositions mécaniques nécessaires à l'exécution de la seconde. — Je me bornerai à énoncer le principe de l'une et de l'autre.

Lorsqu'on examine les diagrammes de marche à contre-vapeur, on voit qu'au moment où l'admission a lieu, même à de très-petites vitesses, la pression ne s'élève pas subitement ; cela tient à la fois à ce que la lumière ne s'ouvre que successivement, et à ce que la quantité de vapeur à introduire dans le cylindre, pour faire passer la pression de 2 ou 3 atmosphères à 8 ou à 9, est considérable, à ce que le frottement dans la lumière combiné avec l'étranglement de l'orifice fait obstacle à la libre introduction.

Il doit néanmoins se produire, et il suffirait de relever quelques diagrammes pour le vérifier, une diminution momentanée de pression dans la boîte du tiroir et un étirage de la vapeur qui se trouve dans le tuyau de prise de vapeur, au moment où la vapeur de la chaudière se précipite dans les cylindres. Une soupape, ou mieux un tiroir à course variable commandé par la distribution et chargé par de l'eau venant de la chaudière, pourrait s'ouvrir d'une petite quantité au moment même où l'admission à contre-vapeur va se produire ; il y aurait une projection d'eau qui se disséminerait dans la vapeur et entrerait avec elle dans le cylindre pour absorber la chaleur au fur et à mesure de son dégagement. Il serait, d'ailleurs, pourvu à l'obturation du tuyau d'échappement par une injection de vapeur spéciale.

Cette combinaison est compliquée et serait peut-être d'une exécution difficile dans la pratique ; je ne l'indique que pour mémoire. Mais elle peut être remplacée par la seconde disposition dont l'essai me paraît très-utile à tenter.

Ce qu'il y a d'embarrassant, on peut même dire d'irrationnel, dans le système d'injection à l'origine du tuyau d'échappement, c'est cette espèce de conflit entre le mélange de vapeur et d'eau entrant et la vapeur sortant, qui s'établit au débouché des lumières sous le tiroir, ou même plus loin dans la branche de l'échappement lorsqu'on injecte à une certaine distance des cylindres.

On pourrait obtenir une injection plus méthodique en plaçant, sur chaque plateau de cylindre, une petite boîte contenant une soupape de reniflement s'ouvrant de *l'extérieur à l'intérieur*, et maintenue par un petit ressort qui l'appliquerait sur son siége avec une pression de 1/4 à

1/2 atmosphère au plus. Cette boîte serait en communication avec le tuyau d'injection ordinaire qui, au lieu de deux branches, en aurait quatre, chacune des branches actuelles étant partagée symétriquement en deux branches nouvelles.

Le tuyau d'injection serait commandé par deux robinets, l'un pour l'eau, l'autre pour la vapeur, celle-ci servant à diviser l'eau en suspension et à prévenir la réunion des globules en grosses gouttes ou en filets liquides. Au moyen des robinets, qu'il pourrait y avoir tout avantage à conjuguer une fois que l'expérience aurait fixé les proportions à adopter, le mécanicien mettrait en train, supprimerait ou réglerait l'injection du mélange d'eau et de vapeur.

A chaque période d'aspiration, et pendant toute sa durée, la pression de la vapeur aqueuse emprisonnée dans le tuyau d'injection lancerait dans les cylindres une certaine quantité d'eau et de vapeur qui fournirait à leur remplissage et à leur rafraîchissement. L'excédant de la vapeur formée dans le cylindre et celle que le refoulement expulse s'écouleraient par les lumières et par le tuyau d'échappement. Le courant de vapeur aurait toujours lieu dans le même sens, et il n'y aurait plus de projections d'eau, par ricochet ou par entraînement, comme lorsque l'injection se fait dans le tuyau d'échappement ou dans ses deux branches; le mécanicien se réglerait pour l'injection sur le débit de la vapeur par la cheminée, et l'expérience lui apprendrait bien vite quelle apparence le panache de vapeur devrait manifester pour que toute rentrée d'air fût évitée. — Les quantités d'eau et de vapeur injectées dépendraient de l'étendue de l'aspiration réelle, c'est-à-dire du parcours que fait le piston depuis la fin de l'expansion jusqu'à l'extrémité de sa course, et en même temps du débit des robinets, fixé lui-même par l'ouverture plus ou moins grande de leurs orifices.

Il y aurait à chercher la position la plus convenable à donner au point d'application de l'injection à chaque extrémité du cylindre; le choix des plateaux est indiqué par l'application déjà faite par M. Forquenot, à ses machines, de petites soupapes de sûreté pour prévenir l'excès de pression, pendant la compression dans la marche en avant, ou pendant le refoulement pendant la marche à contre-vapeur; cette position serait commode. Mais dans les machines où l'extrémité de la conduite des lumières se trouve dégagée et apparente à l'extérieur, comme dans les machines Engerth à 8 roues du chemin de fer du Nord, on pourrait appliquer les boîtes à soupape de distribution sur l'extrémité même des lumières, au-dessus de leur débouché dans les cylindres.

On pourrait même, si on voulait se réserver la faculté de purger le tuyau d'injection, avant la mise en train, mettre la boîte à soupape en communication avec les cylindres, par l'intermédiaire des purgeurs; — un robinet à trois eaux manœuvré par l'attirail actuel des purgeurs, mettrait la boîte d'injection à volonté dans les trois positions : 1° fermeture; 2° communication avec l'extérieur pour la purge; 3° communication avec le cylindre. On pourrait peut-être même dans cette combinaison supprimer les soupapes d'injection.

Cette solution, qui ne change rien au principe de l'injection de l'eau, du rafraîchissement des cylindres par une irrigation permanente, offrirait le mérite, si la complication mécanique et les chances de dérangement des soupapes ne font pas obstacle à son adoption, d'être aussi simple que possible en ce qui concerne la règle d'application à prescrire aux mécaniciens : « ouvrir le « double robinet et régler sa position de manière à « maintenir une émission de vapeur par la cheminée. »

Je ferai connaître plus loin une combinaison d'injection d'eau provenant du tender, au moyen d'une dispotion qui présente une grande analogie avec l'injecteur Giffard, et qui a même été réalisée avec des pièces provenant d'un appareil de ce genre; mais elle ne change rien à la manière d'introduire le mélange d'eau tenu en suspension par la vapeur dans l'intérieur des cylindres.

Au moment où se terminait la période d'expérimentation sur le chemin de fer du Nord de l'Espagne, à la fin de mars 1866, j'avais déjà indiqué la combinaison d'une injection d'eau dans les tuyaux de prise de vapeur; l'injection dans la boîte de tiroir, en profitant de l'aspiration faite à certains moments par les cylindres, est l'expression de la forme sous laquelle cette combinaison offrirait le moins de difficultés dans l'application, si l'on voulait recourir seulement à la pression de la chaudière, augmentée du poids de la colonne d'eau (1).

---

(1) J'ai retrouvé dans une correspondance de 1866 — Lettre du 1er avril à M. Des Orgeries, — le germe des combinaisons d'injection qui peuvent être essayées du côté de la chaudière, et que j'indique. — A l'occasion d'une discussion que j'avais eue avec M. Forquenot sur le plus ou moins d'analogie qu'offraient les expériences entreprises en Espagne avec le renversement habituel de la vapeur, je demandais que la question fût examinée à ce point de vue particulier : « Mais il fau- « drait voir si, en ménageant sur la chaudière, soit par le desserrage

Pour achever, j'indiquerai encore une combinaison. — Elle consisterait à établir, soit au moyen du mécanisme des pompes ordinaires, qui subsiste encore sur beaucoup de machines, soit au moyen d'une pompe spéciale mise en mouvement par la rotation d'un essieu ou par un petit cheval, un irrigateur qui projeterait, dans la boîte du régulateur, au point de départ commun, ou dans les tuyaux de prise de vapeur, ou enfin dans les boîtes de tiroir, le petit filet d'eau nécessaire pour empêcher les effets nuisibles de l'échauffement.

Les 6 litres 6 de capacité de l'espace nuisible, à 8 ou 9 athm., représentent un volume de 45 à 50 litres à la pression atmosphérique ; il ne serait pas nécessaire que la quantité d'eau tenue en suspension par cette vapeur, au moment où elle est emprisonnée, fût bien considérable, pour qu'on y trouvât le supplément nécessaire

---

« d'une des soupapes, soit par un robinet qui irait rejeter l'excès de « vapeur et d'air dans un tuyau montant le long de la cheminée jus- « qu'à son sommet, en marchant en vapeur très-humide, c'est-à-dire « avec niveau d'eau très-haut dans la chaudière, avec le levier de « changement de marche à un cran intermédiaire à l'arrière, on n'ar- « riverait pas, par un mélange suffisant de la vapeur avec l'air, à em- « pêcher l'échauffement trop fort des cylindres ; au besoin, s'il ne suffi- « rait pas de lancer un petit filet d'eau *dans les tuyaux de prise* de « vapeur pour compenser l'échauffement produit par la compression « de l'air. »

« Les deux inconvénients de la marche à contre-vapeur, régulateur « ouvert, telle qu'elle se pratique sont : 1° l'échauffement des cylindres « et des garnitures par la compression de l'air ; 2° l'excès de pression « qui s'établit dans la chaudière par suite du peu de sensibilité des ba- « lances. — On peut remédier facilement au dernier ; — pour le « premier, convient-il de faire entrer l'eau, qui en fin de compte est « nécessaire pour rafraîchir, par devant ou par derrière ? — Il est « bon d'examiner le problème sur toutes ses faces. »

au remplissage entier du cylindre et même à la formation d'un panache au sommet de la cheminée. — L'alimentation de la chaudière, pendant la descente des plans inclinés, serait utilisée pour opérer, en quelque sorte par dessus le marché, le rafraîchissement des cylindres. — Au lieu de prendre dans la chaudière les calories nécessaires à l'élévation de sa température, l'eau d'alimentation irait les chercher au foyer même du calorique, dans les cylindres marchant à contre-vapeur (1).

Application de la contre-vapeur en France.

L'application de la contre-vapeur a fait de rapides progrès en France; la Compagnie du Chemin de fer de Paris à Lyon et à la Méditerranée, après avoir constaté par des essais répétés en service, dans les conditions les plus satisfaisantes, que le nouveau moyen de renversement de la vapeur pouvait résoudre toutes les difficultés qui avaient fait jusque-là obstacle à son usage courant, est

(1) M. Bourson, ingénieur attaché à l'exploitation du chemin de fer du Nord de l'Espagne, a proposé et essayé diverses combinaisons, dont une offre un intérêt particulier. — Elle consiste à injecter de l'eau dans les boites de distribution sur les tiroirs, et à réunir par un tuyau reliant les deux purgeurs les capacités variables qui sont séparées dans le cylindre par le piston. — La vapeur admise de la chaudière, pendant la période de refoulement et de compression, passe par ce tuyau de communication pour aller remplir le volume d'aspiration et le tuyau d'échappement. — Un robinet d'étranglement réglerait l'écoulement de la vapeur d'une capacité à l'autre.

entrée avec une résolution remarquable dans la voie nouvelle qui se trouvait ouverte ; elle compte aujourd'hui plus de 1,100 machines pourvues des appareils, et elle les monte successivement sur les machines qui entrent en réparation ou qui sortent des mains des constructeurs. Cette compagnie a d'ailleurs généralisé l'emploi de la contre-vapeur, en la rendant obligatoire dans toutes les circonstances du service où les freins étaient en usage.

Les autres compagnies avaient la plupart examiné de leur côté, sous des formes diverses, le parti qu'on pouvait tirer de cette innovation, et elles ont déjà fait d'importantes applications ; partout aujourd'hui le service des pentes de 15 ^{mm} et au delà est complétement assuré au moyen de la contre-vapeur ; — mais, à part le réseau de Lyon, son application systématique au service ordinaire des trains pour l'arrêt aux stations n'a pas encore prévalu ; le mécanicien concourt à l'arrêt d'une façon plus ou moins prononcée, il se sert de la contre-vapeur pour ne pas dépasser les points de stationnement fixés ; mais à cet égard il y a encore une lacune dans l'utilisation du nouveau système.

Le tableau suivant donne la situation au 1er mars 1869 :

TABLEAU.

DÉSIGNATION des RÉSEAUX.	MACHINES en SERVICE.	MACHINES en MONTAGE.	APPLICATIONS PROJETÉES.	TOTAL.
Paris à Lyon et à la Méditerranée....	1,108	282	35	1,425
Paris à Orléans....	45	39	189	273
Est.............	70	58	400	528
Nord............	180	14	83	727
Midi............	63	22	97	182
Totaux.....	1,466	415	804	2,685

Chemin de fer de Paris à Lyon et à la Méditerranée.

L'application de la contre-vapeur faite par M. Marié sur le réseau de Paris à Lyon et à la Méditerranée se lie tellement à l'origine de ce système, que j'ai dû à diverses reprises en citer les traits essentiels, — qui sont : l'introduction du changement de marche à vis, la substitution générale de la contre-vapeur aux freins qui se trouvent réduits au rôle d'instruments complémentaires, l'extension rapide de l'application à toutes les machines de la Compagnie.

Il me reste seulement à indiquer quelles sont les parties principales de réseau où la contre-vapeur reçoit journellement ses applications les plus importantes et à citer les instructions très-complètes que M. Marié a rédigées pour fixer les règles à suivre dans le montage et l'emploi des appareils.

Les premiers essais réguliers ont été faits en novembre 1866 sur la section de Blaisy à Dijon, en pente de 8^{mm} par mètre, et ont été continués en décembre sur la ligne de Dôle à Pontarlier en pente de 20^{mm} par mètre.

Le service de la contre-vapeur a été peu de temps après organisé sur la section de Saint-Etienne à Rive-de-Gier, en pente de 15^{mm}, et en dernier lieu l'ouverture récente de la section de Tarare à Amplepuis, sur la ligne de Roanne à Lyon, en a étendu l'application à une pente de 26^{mm} par mètre. La circulation des trains est assurée dès à présent, au moyen des appareils nouveaux, sur toutes les parties du réseau où la pente atteint 10^{mm} par mètre; l'application s'étend à tout le réseau pour le service ordinaire.

L'étendue totale des pentes de 14 à 16^{mm} disséminées sur les différentes sections du réseau est d'environ 120 kilomètres, et celle des pentes de 20 à 26^{mm} d'environ 90 kilomètres.

La première instruction de M. Marié est du 24 décembre 1866; elle est sous forme de mémoire expliquant le principe de la contre-vapeur, son mode d'application, ses avantages et les premiers résultats d'expérience; cette note a servi, plus qu'aucun autre document, à propager l'emploi du nouveau système et celui du changement de marche à vis qui en forme le complément obligé. La note décrit la disposition des deux robinets à tiroir, dont l'emploi séparé était nécessaire pour arriver par expérience à trouver les meilleures proportions entre l'eau et la vapeur injectées, et pour en mesurer les quantités avec la plus grande approximation possible; elle contient des tables qui donnent le débit correspondant à chaque ouverture et sous chaque pression.

Une instruction du 20 août 1867 prescrit les règles à observer pour l'installation des appareils de contre-vapeur, des changements de marche à vis et des abris pour les mécaniciens. Elle donne toutes les prescriptions nécessaires pour régler exactement la distribution, pour graduer l'échelle de la vis en dixièmes de la course du piston, etc.

Le devis de la modification générale s'établit comme suit :

1° Construction de l'appareil de changement de marche à vis	240 francs.
2° Construction de la boîte à tiroir pour régler l'injection de la vapeur, avec sa tuyauterie. . . .	230
3° Construction de l'abri	180
4° Pose des appareils et frais divers.	210
Total.	860 francs.

Une collection de dessins précieux à consulter complète cette instruction ; dans les machines à cylindres extérieurs où le tuyau d'injection doit se diviser en deux branches, la symétrie de la répartition est assurée par l'emploi d'une culotte en bronze exactement ajustée.

L'instruction du 12 juin 1867 pour l'emploi de la contre-vapeur trace aux mécaniciens des règles très-détaillées, relativement à toutes les manœuvres à effectuer.

On remarque dans cette instruction la recommandation de desserrer les soupapes, lorsque l'on marche à contre-vapeur sur plus d'un kilomètre. Cette précaution est essentielle, pour éviter de crever des tubes au moment de la descente, ce qui priverait le train de son principal moyen d'arrêt. Mais il est peut-être possible d'assurer, sous une autre forme, l'exécution de cette mesure.

Par les motifs que j'ai indiqués il n'arrive pas toujours, il est même assez rare que les soupapes soufflent pendant la marche à contre-vapeur ; il est difficile d'assurer la stricte exécution d'une mesure de précaution dont la nécessité ne se manifeste pas d'une façon permanente par un fait saillant ; le desserrage des soupapes n'est certainement pas une manœuvre difficile ou pénible, mais c'est une sujétion dont le personnel pourra souvent s'affranchir, malgré les prescriptions les plus sévères. Je crois donc qu'il serait préférable d'établir quelque part sur la chaudière un robinet spécial, ou de profiter d'un robinet existant, pour faire une décharge de vapeur. Lorsque le mécanicien verrait la pression monter au manomètre, s'il n'y avait pas lieu d'envoyer l'excès de vapeur au tender ou d'alimenter pour abattre la pression, il ouvrirait ce robinet de décharge de manière à limiter l'ascension de la pression et à empêcher les soupapes de souffler.

On ne peut pas employer à cet effet le robinet d'injection de vapeur ; l'excédant de vapeur envoyé dans le tuyau d'échappement détournerait de sa destination une partie de l'eau destinée au rafraîchissement des cylindres, et augmenterait le tirage dans la cheminée au moment où il y aurait le plus d'intérêt à en combattre les effets.

Chemin de fer de Paris à Orléans.

Le premier essai de la contre-vapeur sur le chemin de fer de Paris à Orléans a eu lieu au mois de septembre 1866 sur la rampe d'Étampes; ces essais renouvelés en novembre suivant ont montré qu'avec la proportion fixe de 100 d'eau contre 65 de vapeur, on obtenait des résultats entièrement satisfaisants pour l'arrêt, la modération de la vitesse et la conservation des pièces frottantes.

La Compagnie n'a pas donné aux applications en service un développement aussi rapide et aussi considérable que la Compagnie de Paris à Lyon.

Elle s'est préoccupée avant tout d'assurer la descente des pentes de forte inclinaison, sans le concours des freins, et aujourd'hui, le service est complétement installé sur cette base, notamment au passage du Cantal, que le chemin de fer traverse entre Aurillac et Murat avec pente et contre-pente de 30 millimètres par mètre.

La contre-vapeur fonctionne également en service régulier sur les sections de Moulins à Montluçon, sur celles du Lot et de la Dordogne où la pente va jusqu'à 20 millimètres par mètre.

Sur la pente de 30 millimètres par mètre du Cantal, les machines à 8 roues accouplées du même type que le numéro 1118, dont j'ai indiqué déjà les dimensions, page 56, descendent en trains mixtes avec 10 wagons, à la vitesse de 25 à 30 kilomètres à l'heure. Des trains supplémentaires de marchandises sont faits 4 ou 5 fois par semaine avec la machine numéro 1201, à 10 roues accouplées, que tout le monde a remarquée à l'Exposition de 1867 ; elle descend avec 15 wagons de marchandises chargés.

Cette machine essayée sur la ligne de Moulins à Montluçon, pente de 15 millimètres, avant sa mise en service dans le Cantal, avait donné des résultats très-satisfaisants ; avec 37 à 42 % d'admission, elle remontait des trains de 360 tonnes, et elle les descendait avec 50 à 55 % d'admission.

La règle établie jusqu'à présent sur le chemin de fer de Paris à Orléans paraît être de n'user de la contre-vapeur à la descente, que jusqu'à 50 % d'admission environ, et de demander le supplément de résistance aux freins.

Par une instruction spéciale du 18 mars 1868, M. Forquenot a réglé l'usage de la contre-vapeur dans les différents cas où cet usage est admis, pour la modération à la descente des pentes, pour l'arrêt rapide des trains en marche, pour les cas accidentels où il faut brusquer l'arrêt d'un train en manœuvre dans une gare.

Dans le premier cas on établit l'injection de vapeur en ouvrant le robinet de sûreté et la vanne de distribution (système de Lyon), on renverse la marche de la distribution au moyen de la vis jusqu'à moitié, le régulateur restant ouvert ; on ouvre ensuite l'injection d'eau, qu'on règle de manière à rendre humide la vapeur sortant par la cheminée ; on règle la marche renversée suivant la vitesse.

En cas d'arrêt brusque on commence par renverser la marche et on ouvre les robinets d'injection.

Les machines organisées pour le travail à contre-vapeur portent, sur chaque plateau de cylindre, une soupape fermée par un ressort à pincette, qui laisse échapper une certaine quantité de vapeur lorsqu'il se manifeste un excès de pression dans les cylindres pendant la période de refoulement de la vapeur.

Chemin de fer de l'Est.

La compagnie de l'Est a fait les premiers essais de contre-vapeur vers la fin de l'année 1866. — Les premiers résultats, obtenus avec des appareils imités de ceux qui étaient en usage sur le chemin de fer du Nord de l'Espagne, ont été peu satisfaisants; on peut en juger par les communications qui ont eu lieu à la société des ingénieurs civils dans le courant de l'année 1867. — On doit attribuer cet insuccès partiel à l'injection d'une trop forte proportion de vapeur. — Depuis les choses se sont régularisées et la contre-vapeur fonctionne utilement sur toutes les lignes à forte pente, et en particulier sur les parties belges du réseau, entre Luxembourg et Spa, où l'on trouve des pentes de 25 millimètres par mètre.

Toutes les machines de grande puissance en construction sont pourvues d'appareils. — L'application se poursuit, mais elle n'avait pas donné encore lieu jusqu'ici à l'adoption de mesures systématiques; la contre-vapeur était restée en quelque sorte un instrument mis à la disposition du mécanicien. — Mais la compagnie se dispose à en généraliser l'usage dans le service ordinaire.

Chemin de fer du Nord.

J'ai déjà eu l'occasion de dire ce qui se faisait sur le Nord. — Un tuyau d'injection pour la vapeur seule tient lieu du frein à sabot que la compagnie avait monté sur la plupart de ses machines, pour venir en supplément au frein du tender ; sur les sections à forte pente on a recours, pour modérer la vitesse, à l'injection d'eau et de vapeur, au moyen des robinets de distribution du chemin de fer de Lyon.

On trouve sur la ligne de Chauny à Saint-Gobain, dont la traction est faite par la compagnie du chemin de fer du Nord, un système très-intéressant d'injection, improvisé par M. Romme, ingénieur du matériel de la division de Tergnier. — Un tuyau partant de la chaudière pénètre dans une boîte en fonte qui communique par un tuyau avec le réservoir du tender ; l'extrémité de ce tuyau forme un jet convergent et elle fait face, à une petite distance, à l'orifice évasé d'un tuyau, aboutissant à la base de l'échappement divergent, comme le tuyau d'injection ordinaire. — En réglant l'ouverture des robinets de vapeur et d'eau, on injecte dans le tuyau d'échappement de l'eau chaude ou un mélange d'eau et de vapeur en proportions variables. Cet appareil fonctionne avec une extrême simplicité et avec un succès complet depuis plus de six mois.

Chemin de fer du Midi.

La contre-vapeur a reçu sa première application sur le chemin de fer du Midi le 15 décembre 1866. — Elle a toujours fonctionné dans des conditions satisfaisantes, les cylindres et les tables de tiroir conservant un très-beau poli.

Le 20 décembre 1867, M. Laurent, ingénieur en chef du matériel et de la traction, a commencé un essai très-intéressant de fermeture du tuyau d'échappement au moyen d'une valve à bascule. L'eau et la vapeur, emprisonnées dans la capacité assez considérable du tuyau d'échappement, la valve étant près de l'orifice, entrent intégralement dans les cylindres, sauf les pertes par les joints, et font retour à la chaudière.

Lorsque j'ai prié M. Laurent d'entreprendre des essais d'injection d'eau seule, des expériences ont été faites naturellement avec la machine à échappement fermé; les résultats ont été entièrement satisfaisants.— M. Laurent continue activement l'étude de cette disposition à laquelle j'ai emprunté l'idée du serrage des valves de l'échappement dans les expériences que j'ai rapportées.

L'eau et la vapeur, celle-ci amenée de la chaudière ou produite dans les cylindres, se trouvent emprisonnées et, si l'excès en est trop grand, il tend à s'établir une certaine pression, qui d'une part réduit les débits à la sortie de la chaudière, et de l'autre augmente, à volume égal d'aspiration, les quantités de vapeur et d'eau enfermées derrière le piston et refoulées dans la chaudière.

Le complément indispensable de cette combinaison sera l'établissement d'un manomètre à grandes divisions, branché sur la capacité de l'échappement, qui permettra au mécanicien de se rendre compte de l'état de l'injection. Si l'injection d'eau, ou d'eau et de vapeur, est trop forte, il verra s'élever la pression et réduira l'ouverture des robinets. Rien n'empêcherait d'ailleurs de chercher à régler l'ouverture de l'injection par l'effet même de cette pression, lorsqu'elle s'élèverait au-dessus de la limite atmosphérique, s'il n'est pas préférable d'abandonner cette manœuvre aux soins du mécanicien.

S'il était possible d'obtenir facilement une fermeture hermétique, on pourrait n'envoyer qu'une quantité d'eau strictement nécessaire pour opérer le rafraîchissement des cylindres, un vide partiel se ferait pendant l'aspiration et la quantité de vapeur à admettre après la compression serait plus considérable.

Il est probable que le principal mérite de cet appareil, outre l'économie de chaleur résultant de la suppression des pertes d'eau et de vapeur, sera de permettre l'emploi d'une injection fixe d'eau ou d'un mélange fixe d'eau avec un peu de vapeur, sans que le mécanicien ait à se préoccuper des variations de charge, de vitesse, d'admission et de pression. — Dans ce système la position du point où s'implante le tuyau d'injection sur la capacité de l'échappement est indifférente, il faut seulement qu'il y ait, autant que possible, symétrie dans la répartition entre les deux branches s'il y a bifurcation.

M. Beugniot, ingénieur en chef des ateliers de MM. Kœchlin et Cie, à Mulhouse, qui s'est occupé depuis longtemps de la question de la contre-vapeur, notamment en faisant le vide dans les cylindres par l'obturation complète du tuyau d'échappement, avait songé de son côté, dans le courant de 1867, à profiter de cette obturation pour injecter de la vapeur et de l'eau dans les cylindres: mais ses propositions à ce sujet n'avaient pas eu de suite.

Chemin de fer de l'Ouest.

La Compagnie du chemin de fer de l'Ouest est entrée la première, en France, dans la voie des essais de contre-vapeur; en 1865 elle a fait, sur la rampe du chemin de fer atmosphérique de Saint-Germain, les premières expériences avec l'appareil de M. de Bergue; elle a appliqué ensuite cet appareil, avec diverses modifications, sur des machines à voyageurs des grandes lignes.

En 1868 elle a essayé comparativement la contre-vapeur, par injection d'eau et de vapeur, avec les appareils du chemin de fer de Lyon, appliqués également à des machines à voyageurs. — Elle fait en ce moment l'essai de l'injection de l'eau sur une machine à marchandises.

Les pentes sur le réseau de l'Ouest ne dépassent pas et atteignent même rarement la limite de 10 millimètres par mètre ; c'est surtout comme moyen d'arrêt que la contre-vapeur pourra y être appliquée sur une grande échelle.

Note A. — Un des points qui préoccupent déjà les ingénieurs appelés à faire des applications de la contre-vapeur, est la recherche d'une combinaison propre à dispenser le mécanicien des soins à donner à l'injection. — Je ne suis pas convaincu qu'il y ait une grande utilité à obtenir ce résultat; ce qui est essentiel, c'est de grouper le mieux possible, sous la main du mécanicien, les volants, manivelles ou leviers des appareils qu'il doit faire jouer, de les mettre en état, surtout de faire un usage facile du souffleur, pour se débarrasser des gaz fixes qui peuvent entrer dans la chaudière, lorsque l'injection n'est pas ouverte ou augmentée assez tôt.

Lorsqu'on marche avec injection d'eau seule, ou avec beaucoup d'eau et pas de vapeur, il n'y a d'autre inconvénient à une rentrée de gaz dans la chaudière que le dérangement des appareils Giffard; un coup de souffleur rétablit leur fonctionnement. Le mécanicien ne doit donc pas craindre de limiter son injection d'eau et de réduire le panache sortant par la cheminée, au risque de déranger momentanément l'alimentation; ce qu'il faut, c'est qu'il ait sous la main le moyen de la rétablir.

Il faut de plus, que l'excursion du tiroir ou du robinet d'injection d'eau, et de la vis ou du levier qui le commande, ait assez d'amplitude pour qu'il ne soit pas assujéti à un soin minutieux pour chercher le point convenable et pour le faire varier.

J'ai indiqué page 146, une combinaison qui pourrait sans doute donner une solution de l'injection automatique; M. Bourson, ingénieur, attaché au chemin de fer du Nord de l'Espagne, a fait l'étude d'une combinaison mécanique qui permettrait d'atteindre ce but, en prenant la commande de l'injection sur la vis de changement de marche; mais, pour arriver à une solution complète, il a dû recourir à un ensemble assez compliqué.

La difficulté du problème résulte de la nécessité de faire varier l'injection avec le cran de la distribution et avec la vitesse, soit lorsque la machine est en marche, soit au moment de l'arrêt. On trouverait une simplification, en ce qui concerne les machines à marchandises, dans l'adoption du tiroir indépendant pour l'injection d'une quantité de vapeur limitée. — Pour la mise en train de la contre-vapeur, au moment où le train s'engage sur la pente, on ouvrirait l'injection de vapeur, et l'injection d'eau commandée par la vis s'établirait graduellement, au degré voulu pour la vitesse normale; si la vitesse était momentanément trop grande, et que le panache vint à se réduire au point de faire craindre une rentrée de gaz dans la chaudière, ou s'il fallait pour regagner un retard dépasser la vitesse ordinaire, le mécanicien pourrait laisser ouverte ou rouvrir l'injection de vapeur afin d'assurer l'obturation du tuyau d'échappement.

Il convient, pour éviter les pertes d'eau ou de vapeur pendant les stationnements, et même pendant les longs parcours, d'appliquer un robinet de sûreté fermant le tuyau d'injection plus hermétiquement que ne peut le faire le tiroir de distribution. — Au moment de l'arrêt, et au fur et à mesure que le train se ralentit, le mécanicien pourrait serrer successivement ce robinet pour réduire le débit et, en dernier lieu, le fermer complètement après avoir ouvert l'injection de vapeur. — Dans tous les cas, le levier qui commanderait l'injection devrait être susceptible de déclenchement, spontané au moment du retour à la marche en avant ou à volonté à un point quelconque de la marche à contre-vapeur.

La dificulté d'une étude de cette nature sera toujours d'arriver à des combinaisons simples et d'un entretien facile; il serait à désirer qu'on en trouvât d'acceptables.

NOTICE HISTORIQUE

SUR LES

ORIGINES DE LA CONTRE-VAPEUR

La lecture du mémoire qui précède a fait connaître les difficultés pratiques qu'offrait, il y a peu de temps encore, le renversement de la vapeur, et l'impossibilité où l'on était d'en faire un usage continu ; cette lecture a fait connaître également les moyens employés pour remédier à ces difficultés, et pour mettre la machine locomotive en état d'accomplir une nouvelle fonction.

La nouveauté de ces moyens n'a pas été contestée jusqu'à présent, et l'expérience a suffisamment démontré qu'il y avait là un instrument très-important mis à la disposition des exploitants de chemins de fer ; il y a donc intérêt à présenter un historique complet de cette innovation.

L'initiative des essais qui ont amené la solution du problème ne m'a pas été non plus contestée ; mais une première fois en 1866, une seconde fois dans ces derniers temps, M. Ricour, ingénieur des ponts et chaussées, qui a occupé pendant plusieurs années la position d'ingénieur en chef du matériel et de la traction du chemin de fer du Nord de l'Espagne, et qui, à ce titre, a eu pour mission de diriger l'exécution de ces essais, m'a contesté toute intervention utile dans la conception et dans le mode d'exécution de la solution obtenue. Cette prétention de M. Ricour, quoiqu'elle ne se soit pas encore produite dans des documents imprimés, a pris une grande notoriété; des démarches actives ont été faites en son nom pour la faire prévaloir; M. Ricour, a extrait de ma correspondance avec M. Des Orgeries, dont les originaux se trouvaient entre ses mains, quelques lettres isolées qui ont été produites à l'appui de ses allégations, et il a posé la question sur un terrain tel que je me trouve dans le cas de légitime défense. Par suite je suis forcé, sans sortir du domaine des choses purement techniques, d'entrer dans des détails, et de donner à ma réfutation des proportions, que n'aurait pas comportés une discussion entre ingénieurs sur une simple question de priorité.

Je m'appuierai, pour faire cette étude rétrospective, sur les documents officiels ou de service, que la Compagnie a bien voulu mettre à ma disposition, afin de compléter les informations que je possédais déjà, et qui consistent surtout en pièces de correspondance.

La correspondance suivie, pour ce qui me concerne, au milieu d'occupations très-nombreuses et très-variées, coupée par une lacune de cinq à six mois, n'aurait pas sa signification réelle, si elle n'était pas expliquée et soumise à des rapprochements indispensables. Les pièces les plus essentielles seront reproduites *in extenso* à la suite de cette notice.

Je dois, de plus, pour donner à cette correspondance son véritable caractère, indiquer en peu de mots l'organisation du chemin de fer du Nord de l'Espagne. — Je remplissais, auprès de la section du conseil d'administration qui siége à Paris, des fonctions équivalentes à celles de directeur général pour les services techniques, et je portais le titre d'ingénieur en chef délégué; en Espagne, M. Des Orgeries, ingénieur des ponts et chaussées, centralisait tous les services locaux, sous le titre de directeur de la Compagnie, et correspondait par mon intermédiaire avec le conseil de Paris; M. Ricour était chargé, sous les ordres de M. Des Orgeries, et avec le titre d'ingénieur en chef, de diriger le service du matériel et de la traction; il avait pour adjoint M. Germon, qui remplissait à Valladolid, au centre des établissements du matériel, des fonctions équivalentes à celles d'ingénieur ordinaire.

A toute époque les expériences dont j'avais recommandé l'exécution ont conservé le caractère d'une affaire de service, ainsi que la forme même de la correspondance le démontre.

Point de départ des essais.

En 1864, M. de Bergue avait imaginé, pour régulariser le renversement de la vapeur, et pour rendre cette manœuvre applicable à la descente des plans inclinés, de renvoyer dans un réservoir spécial les gaz aspirés par les pistons dans la boîte à fumée; ces gaz s'accumulaient dans ce réservoir, à une pression variable qu'une soupape fixe et un robinet à la main du mécanicien permettaient de régler suivant les besoins, tout en la maintenant au-dessous de celle de la chaudière, de telle sorte que le régulateur ne fût pas soulevé ; les gaz comprimés remplaçaient, quant à la résistance produite sur les pistons, l'action qu'exerce la vapeur de la chaudière dans la manœuvre ordinaire du renversement de la vapeur à régulateur ouvert.

Les essais entrepris par la Compagnie de l'Ouest, sur la rampe de 35 millimètres par mètre du chemin de fer atmosphérique, qui ne compte que quelques centaines de mètres de longueur, avaient fourni des résultats satisfaisants, et ils excitaient à ce moment l'attention des ingénieurs ; les plans de M. de Bergue furent apportés par M. E. Flachat au comité des ingénieurs du chemin de fer du Midi, dont je faisais partie.

Je n'hésitai pas à critiquer ce système, en émettant des doutes sur son efficacité pour des parcours un peu longs ; j'exprimai l'opinion que, si l'on voulait bien étudier attentivement la question de la contre-vapeur, il ne serait pas difficile de trouver une solution, et j'indiquai diverses combinaisons ; j'insistai d'ailleurs sur la possibilité de simplifier l'appareil de M. de Bergue.

Une discussion très-vive s'étant élevée à ce sujet entre M. E. Flachat et moi, je me décidai à faire faire des essais et je demandai que l'examen de la question fut ajourné.

En quittant le comité, vers 4 heures, le même jour 28 juillet 1865, j'écrivis à M. Des Orgeries une longue lettre (n° 1), qui est devenue le point de départ des recherches dont je vais tracer l'historique, et dont le résultat final a été la création du nouveau système de marche à contre-vapeur avec injection d'eau. J'avais peu de temps pour expédier cette lettre le même jour, et je devais à la fois indiquer le but de ma communication, faire connaître le procédé en cours d'expérimentation sur le chemin de fer de l'Ouest, expliquer la simplification que je proposais de lui apporter pour faire à peu de frais une vérification de son efficacité sur de longs parcours, indiquer la manière de s'en servir et même faire pressentir la voie dans laquelle il pourrait être nécessaire de faire de nouvelles tentatives ; cette lettre a donc été écrite avec une assez grande précipitation ; néanmoins, il en ressort clairement qu'il n'y avait là qu'un essai provisoire à faire, une vérification dont le résultat servirait de base à la préparation d'un programme d'expériences régulières.

Je disais en effet : « L'inconvénient que peut pré- « senter une disposition de ce genre sera sans doute la « nécessité de ne pas puiser indéfiniment de l'air chaud « et chargé de cendres dans la boîte à fumée pour le « faire passer dans les cylindres, ce qui les échauffe- « rait et les salirait ; mais il est exactement le même « pour le système essayé sur les quelques kilomètres de « la rampe du chemin de fer atmosphérique ; *c'est à « l'expérience à décider si on peut marcher ainsi pen- « dant longtemps sur des pentes très-longues.*

« *Il suffira que mon système marche à peu près pour « qu'on se rende compte de ce point de vue très-impor- « tant ; à son défaut on prendrait le système plus com- « plet du chemin de l'Ouest.*

. . . .

« Pour éviter l'inconvénient de l'échauffement des « cylindres par l'air chaud de la boîte à fumée, il fau-

« dra ouvrir très-largement et peut-être augmenter le « registre de rentrée d'air, et arrêter par tous les « moyens possibles la combustion dans le foyer. Peut- « être même faudra-t-il arriver à une combinaison « qui fasse entrer *à la base du tuyau d'échappement* « *de l'air frais ou de la vapeur venant de la chau-* « *dière, etc. etc,. Mais tout cela sera à voir plus tard.*

« *Ce qui presse pour le moment, c'est de voir s'il y a* « *quelque chose à obtenir de mon robinet de décharge* « *de l'air refoulé, ou s'il faudra recourir à l'appareil* « *plus compliqué de l'Ouest, sauf à chercher plus tard* « *les améliorations à apporter à l'un ou à l'autre.*

« *Je crois que vous pouvez faire l'essai très-facile-* « *ment et en quelques jours, en mettant un robinet sur la* « *boîte du régulateur et en le faisant manœuvrer à la* « *main par un homme monté sur l'avant de la machine.*»

M. Des Orgeries transmit aussitôt cette lettre à M. Germon, en l'absence de M. Ricour qui était en congé, et lui donna l'ordre de faire les essais que je demandais (n° 2). Le 7 août on avait déjà fait choix d'un robinet soupape, manœuvré par une vis, qu'on avait trouvé dans les magasins de la construction, et l'ingénieur, auquel on avait confié le soin de faire les préparatifs, proposait dès ce moment de mettre à profit une de mes indications en injectant de la vapeur dans les cylindres.

M. Ricour est rentré le 8 à Madrid, et les essais ont été faits, avec mon installation provisoire, les 28 et 30 août, sous la surveillance de M. Germon.

Première série d'essais. — Machine inverse.

Le rapport du directeur (n° 3), (signé par délégation par M. Ricour), expédié à la date du 14 septembre et arrivé à Paris le 18, rendait un compte détaillé des expériences ; mes craintes s'étaient trouvées vérifiées, et il restait évident qu'il n'y avait pas à tirer parti du système de Bergue pour des parcours un peu longs. — Les garnitures avaient été brûlées et les tiges de piston et de tiroir avaient chauffé. — La question me semblait résolue, mais telle ne paraît pas avoir été la pensée de M. Ricour, qui terminait ainsi le rapport : « En résumé, le résultat de ces deux essais a été satis- « faisant et nous ne prévoyons jusqu'à présent « comme inconvénient grave que l'échauffement des « cylindres et tiroirs et la détérioration des garnitures « des presse-étoupes. »

« Nous pensons du reste qu'il sera possible, sans « apporter de modifications importantes aux machines, « de remédier à ces inconvénients en ménageant, si « cela est nécessaire, une entrée spéciale à l'air frais, « et en ayant recours à un mince jet de vapeur qui, in- « troduit avec cet air dans les cylindres, les lubrifie- « rait et éviterait le grippement de ces pièces. »

C'était la combinaison des deux indications préliminaires que j'avais données dans ma lettre du 28 juillet : « *air frais ou vapeur, etc., etc.* »

Pour moi la question était jugée ; sans dépense sérieuse j'avais pu démontrer que l'appareil de Bergue ne pouvait pas résoudre la difficulté des longs parcours. Ainsi que je m'étais réservé de le faire, lorsque j'avais pris l'initiative des essais, j'entrai dans de nouveaux détails et j'arrivai à formuler un programme très-complet, dans lequel j'indiquais jusqu'au moyen de construction qui a été définitivement adopté ; ce programme a fait l'objet de ma lettre du 19 septembre 1865, dont j'ai déjà présenté dans mon mémoire les parties essentielles, qui est reproduite intégralement sous le n° 4 et qui a été publiée dans les *Annales des mines* à la suite du rapport de M. Ricour (1).

J'écartais la combinaison de l'air frais qui ne devait pas empêcher l'échauffement des cylindres.

Je renvoyais tout *dans la chaudière*, y compris même l'air mélangé à la vapeur, ce qui impliquait l'usage, pour l'alimentation, de la pompe ordinaire dont un grand nombre de machines sont encore pourvues, notamment sur le chemin de fer du Nord de l'Espagne, malgré l'adoption générale de l'injecteur Giffard.

Je prescrivais l'établissement d'un tube fermé par un robinet à la main du mécanicien, pour envoyer, de la chaudière à la base du tuyau d'échappement, la vapeur, ou, au lieu de la vapeur, l'eau de la chaudière ; c'est exactement ce qui se fait partout et ce que M. Ricour a désigné sous le nom de *tube d'inversion*.

Je proposais, comme moyen de prévenir l'échauffement des cylindres, trois combinaisons à essayer par

(1) Par suite d'une erreur d'un expéditionnaire du bureau de Paris, les mots « *dans la chaudière* », essentiels pour l'intelligence de mes instructions, ont été omis au quatrième alinéa dans la publication de M. Ricour.

voie d'injection à la base du tuyau d'échappement, savoir :

1° La vapeur, supposée humide, avec l'air, dans une proportion à fixer par expérience ;

2° La vapeur seule, en excès suffisant pour faire obstacle aux rentrées d'air;

3° L'eau substituée à la vapeur.

Ce programme d'essais, qu'on allait entreprendre sur un sujet entièrement neuf, comportait nécessairement tous les tâtonnements que les résultats obtenus pourraient suggérer aux expérimentateurs, et en particulier des combinaisons intermédiaires de mélange d'eau et de vapeur; je m'adressais à des ingénieurs avec lesquels j'étais en correspondance journalière pour tous les détails du service, et je n'avais pas à prévoir toutes les variantes susceptibles d'être étudiées, comme on le ferait dans un programme de concours, qui ne comporte pas d'additions ou de modifications successives.

Deux objections ont été faites à ce programme : 1° J'aurais omis de faire ressortir, explicitement, que je renonçais à la donnée fondamentale de l'essai provisoire, c'est-à-dire à l'évacuation à l'extérieur des gaz refoulés, et à la soupape dont l'ouverture les empêchait de pénétrer dans la chaudière; 2° J'aurais négligé, en prescrivant de refouler dans la chaudière, de recommander l'ouverture du régulateur.

Sur le dernier point je ferai remarquer que je m'adressais au personnel d'un service organisé, et que, si M. Ricour, ayant à ce sujet des doutes spontanés ou résultant même de quelques mots de ma première lettre du 28 juillet 1865, avait posé la question aux mécaniciens expérimentés qu'il avait sous ses ordres, il aurait eu les éclaircissements nécessaires ; la discussion lui aurait facilement appris, à l'avance, qu'on ne pouvait pas songer à marcher, pendant des heures entières, en forçant la vapeur ou les gaz refoulés à soulever le régulateur sur son siége, que l'ouverture du régulateur dans le renversement de la vapeur était une chose connue et pratiquée ; il aurait vu facilement que l'introduction même de la vapeur de la chaudière, à contre-sens de la marche des pistons, était un élément essentiel de résistance. Tout au moins, comme cela a eu lieu effectivement, quelques voyages à régulateur fermé auraient montré l'impossibilité de marcher dans cette condition ; s'il y a eu omission de ma part, elle pouvait au plus amener quelques jours de retard dans la marche des expériences ; il a suffi en effet d'un parcours de quelques kilomètres pour montrer que les essais de refoulement ne pouvaient pas être continués avec le régulateur fermé.

Le premier point a beaucoup plus d'importance, parce que c'est probablement à cet ordre d'idées que se rattache le malentendu, qui a fait dire et qui fait répéter à M. Ricour que je ne suis intervenu que pour recommander l'essai d'une modification du frein à air comprimé de M. de Bergue. L'objection aurait une certaine valeur, si j'avais omis d'exprimer formellement que je refoulais tout *dans la chaudière*, y compris même l'air mélangé de vapeur ; mais je l'ai écrit de la façon la plus formelle. Ces mots : « *Ce serait une sorte de machine à vapeur inverse,* » complétaient ma pensée.

Je n'ai pas besoin d'ajouter que l'idée de puiser indéfiniment dans la chaudière de la vapeur, produite à grand renfort de combustible, pour l'accumuler momentanément dans un réservoir comme celui de M. de Bergue, et pour la rejeter ensuite dans l'atmosphère, de modifier le régulateur pour mettre à côté de lui le tiroir de ce réservoir, au lieu de l'ouvrir purement et simplement, n'aurait même pas été discutable, si elle avait été posée comme base d'une application régulière.

M. Des Orgeries, au reçu de ma lettre du 19 septembre, avait bien compris qu'il s'agissait d'un programme nouveau, et il faisait une distinction très-nette entre ce que je proposais et l'essai préliminaire ou primitif qui avait abouti au rapport du 14 septembre.

En effet, après avoir transmis ma lettre à M. Ricour avec l'annotation : « *Recommandé,* » il lui écrivait le 28 septembre la lettre suivante qui achève de caractériser la nature de l'étude confiée au service du matériel :

« Mon cher camarade. — Je vous prie de vouloir bien « apporter le plus grand soin aux expériences que « vous devez faire sur l'emploi de la contre-vapeur « comme moyen de régulariser la vitesse des trains.

« M. Le Chatelier a indiqué plusieurs solutions à étu- « dier, vous avez vous-même proposé une modification « au procédé primitif. Je désire que ces expériences « soient continuées sans interruption et que vous me « teniez au courant des résultats obtenus, afin que je « puisse les transmettre à M. Le Chatelier. »

M. Ricour n'a certainement pas saisi l'importance de ma lettre, comme l'avait fait M. Des Orgeries, bien qu'il ne s'occupât que secondairement, et à titre de directeur, des questions spéciales au service du matériel. — M. Ricour n'a demandé aucune explication sur son contenu et il ne l'a pas communiquée à M. Germon, qui suivait spécialement les expériences.

Il s'est passé, à partir de l'envoi de ma lettre du 19 septembre 1865, un intervalle de cinq mois pendant lesquels je n'ai plus reçu de Madrid de communications relatives aux essais de contre-vapeur; il m'avait été dit, si mes souvenirs sont fidèles, par une ou deux personnes venues d'Espagne, que la mauvaise saison avait empêché de continuer les expériences. L'examen des pièces, qui m'ont été communiquées récemment, montre au contraire que des essais ont eu lieu en novembre et en janvier.

Le 16 octobre, M. Ricour écrivait à M. Germon : « Voulez-vous, je vous prie, me soumettre, le plus tôt « possible, un projet pour utiliser sans danger la con- « tre-vapeur à la descente des fortes rampes, confor- « mément aux indications de M. Lechatelier. Nous « ferons l'essai du projet que vous présenterez sur une « machine, et nous étudierons plus tard les perfection- « nements. Mais considérez, je vous prie, ces pre- « miers essais comme urgents. »

M. Germon, qui n'avait d'autre point de départ que ma lettre du 28 juillet, présente un projet avec une disposition d'obturateur de l'échappement, permettant d'aspirer de l'air frais à l'extérieur pour ne pas salir les cylindres. — Ce projet est repoussé le 27 octobre (n° 7) par M. Ricour, qui recommande d'introduire dans les cylindres de l'air chargé de vapeur en plus ou moins grande quantité, ou mieux encore de la vapeur seulement, en faisant déboucher un des tuyaux souffleurs à la base du tuyau d'échappement. La vapeur, introduite par le tuyau d'échappement, où elle serait maintenue en excès, traverserait les cylindres et serait refoulée dans le tuyau du frein à vapeur, où l'on règlerait la contre-pression à l'aide de la soupape installée *ad hoc*. — L'appareil de Bergue modifié était maintenu par M. Ricour et la vapeur devait être rejetée à l'extérieur, contrairement à mes indications.

Les termes des instructions que M. Ricour adressait à M. Germon font clairement voir qu'il n'avait pas complétement saisi le sens de ma lettre du 19 septembre, ou qu'il n'avait pas accepté toutes ses indications; il adopte en effet mes observations relativement à la rentrée d'air frais que j'avais écartée, relativement à l'introduction de la vapeur en mélange avec l'air dans une proportion que l'expérience fixerait; il adopte surtout l'idée d'envoyer de la vapeur seule en la maintenant en excès dans le tuyau d'échappement; il fait aboutir le tuyau du souffleur, dont le robinet est commandé par une tringle à la main du mécanicien, à la base du tuyau d'échappement, pour établir, comme je l'avais indiqué, la communication de la chaudière avec l'échappement.

Mais le principe du refoulement dans la chaudière échappe à son attention, ou est écarté par lui, et le programme qui résultait de ma lettre se trouve transformé en une application de vapeur au procédé primitif ou appareil de Bergue simplifié; au *mince jet de vapeur* du rapport du 14 septembre, se trouve substituée une injection de vapeur en plus ou moins grande proportion ou mieux en excès.

J'insiste sur ce point parce qu'il se trouve que, alors que M. Ricour prétend que mon initiative s'est bornée à recommander l'essai du frein à air comprimé de M. de

Bergue, c'est précisément lui qui a fait confusion, malgré la distinction très-nette établie par M. Des Orgeries, entre les solutions nouvelles que je proposais et la modification du procédé primitif, ou qui a de son plein gré modifié mon programme.

Un essai préliminaire avait eu lieu le 4 octobre, avec un mélange d'air et de vapeur ; on avait établi la communication entre la chaudière et le tuyau d'échappement au moyen du tuyau du souffleur. — Le 13 novembre un robinet et un tuyau de plus grande section sont installés et une nouvelle expérience est faite avec air et vapeur ou vapeur seule, elle est répétée les 17, 18 et 19 suivants.

En décembre on installe un tuyau pour rejeter à la hauteur de la cheminée la vapeur qui gênait la vue du mécanicien, et en outre on dispose un mécanisme pour qu'il soit possible de manœuvrer de la plate-forme la soupape d'échappement du frein à air et à vapeur, et le robinet du tuyau d'injection ; jusque-là on s'était borné à placer un agent sur le devant de la machine. — Le 16 janvier 1866 un premier essai est fait avec ces installations qui facilitent la manœuvre.

A la fin de janvier un inspecteur de la traction est chargé de suivre une nouvelle série d'expériences, qui se continuent dans le Guadarrama ; plusieurs voyages sont faits le 20, le 22, le 24 et le 25.

Les trains n° 5 du 20 et n° 5 du 24, composés de 14 véhicules, et le train 15 du 25, de 11 véhicules seulement, parcourent 20 kilomètres chacun à contre-vapeur en descendant du faîte du Guadarrama à Avila, sans qu'il y ait eu excédant de graissage et sans que les garnitures aient souffert.

Le 22, le train n° 2, composé de 14 véhicules, descend du faîte à Madrid, sans que les freins aient été serrés, même pour les arrêts en gare ; on cherche pour réduire la quantité de combustible dépensée, à injecter peu de vapeur; à l'arrivée à Madrid on constate que les garnitures sont brûlées et que les tiroirs ont chauffé.

Le 25, au train n° 4, de 24 véhicules, le frein à vapeur sert pendant tout le voyage ; il est souvent impuissant pour modérer la vitesse, quoique la pression s'élève jusqu'à 9 atmosphères. — Les garnitures sont brûlées à l'arrivée à Madrid ; — la consommation de combustible avait été très-forte.

Ces résultats sont résumés dans un rapport préparé par M. Germon et revu par M. Ricour, qui me l'a adressé, par délégation du directeur, le 17 février (n° 8). Ce rapport constate que l'appareil primitif a été maintenu, et que l'on a envoyé dans les cylindres, pour lubrifier les pièces frottantes, un jet de vapeur qui débouchait à la base du tuyau d'échappement ; il annonce que, pour les trains jusqu'à 11 à 15 voitures, la vitesse de 30 à 35 kilomètres à l'heure peut être régularisée, avec l'aide, par intervalle, du frein du tender, que *d'ailleurs les résultats sont satisfaisants, les pièces frottantes ne s'échauffant plus*, et *les garnitures des presse-étoupes résistant à plusieurs voyages*. M. Ricour signalait l'inconvénient d'un bruit assourdissant, produit par l'échappement de l'air et de la vapeur. Mais sa préoccupation principale était la consommation de combustible et de matières de graissage ; sa conclusion était qu'il fallait continuer les essais dans le même sens, en tâchant de réduire l'injection de vapeur; voici, en effet, comment se terminait le rapport :

« L'augmentation de consommation de combustible « a varié dans les essais de 200 à 300 kilogrammes « de briquettes dans la descente de la Cañada à Madrid, « l'appareil à contre-pression fonctionnant pendant une « heure environ, la vitesse variant de 30 à 35 kilo- « mètres.

« Les cylindres et tables de tiroirs demandent aussi « à être graissés plus souvent et l'augmentation de « graissage peut être évaluée pour le même voyage à « 1/2 kilogramme. L'augmentation de dépense par « l'emploi du frein à vapeur est donc dans la descente « du Guadarrama de : 42 réaux 50 de combustible, « 2 réaux 50 de graissage, total 45 réaux.

« Cette dépense qui serait à peu près la même dans « la descente des Pyrénées est trop considérable pour « qu'il y ait avantage à appliquer des appareils à va- « peur sur toutes les machines circulant sur les deux « profils accidentés de la ligne, et à les faire fonc- « tionner d'une manière courante pour les substituer « aux freins ordinaires; aussi devons-nous chercher à « éviter d'injecter dans les cylindres une aussi forte « quantité de vapeur. Je fais continuer les expériences « dans ce but, et j'aurai l'honneur de vous faire con- « naître les résultats. »

Il paraît ressortir des détails consignés dans les rapports des agents préposés aux essais, qu'en novembre et janvier on a généralement marché avec de la vapeur seule; mais le rapport de M. Ricour parle seulement d'air et de vapeur.

Au reçu du rapport de M. Ricour, daté du 17 février, sans recourir à la copie de ma lettre du 19 septembre, qui avait déjà cinq mois de date, sans me rendre compte d'ailleurs de ce retour au point de départ qu'indiquait la conclusion du rapport, je me hâte de rappeler mes instructions premières, en insistant sur ce qui, dans mes souvenirs, en faisait la base essentielle ; — je fais remarquer d'ailleurs qu'une légère augmentation de dépense ne serait pas un motif pour condamner une application utile. J'écris donc à M. Des Orgeries, le 21 février, (n° 9) :

« J'ai l'honneur de vous accuser réception de votre « lettre n° 2,089 du 17 courant.

« Je crois dans ma correspondance antérieure, vous « avoir indiqué que c'était *de l'eau* ou de la vapeur « qu'il faudrait prendre dans la chaudière pour rafraî- « chir les cylindres.

« Je crois qu'un petit filet d'eau projeté par la pres- « sion avec violence et venant frapper une surface op- « posée, produirait une sorte de brouillard aqueux qui « serait plus efficace que la vapeur, qui économise- « rait la graisse et le combustible.

« En tout cas je ne crois pas que le chiffre de 45R. « que vous indiquez pour la dépense soit un obstacle à « l'application. C'est en résumé 10 à 15 c/s par kilo- « mètre à dépenser. Il reste à voir si la dépense « d'entretien des bandages, lorsque l'on descend avec « freins, n'est pas plus importante que celle des con- « sommations de la machine. »

Cette lettre arrive le 23, dans la journée, à Madrid ; elle figure à l'enregistrement de la direction le 24, pour l'entrée et pour la sortie, et le 25 à l'enregistrement du service du matériel et de la traction. — Son arrivée coïncide avec un changement complet dans la direction imprimée aux essais.— Je ne tire aucune conclusion de cette coïncidence; c'est à M. Ricour qu'il appartient de constater s'il a eu connaissance de cette lettre le 23, comme le rendait possible la nature et la fréquence de ses relations avec M. Des Orgeries, ou bien le 24, ou même le 25 seulement, après l'accomplissement des formalités d'enregistrement.

Dans une lettre écrite le 23, par M. Ricour à M. Germon, et qui traite plus spécialement de la question des freins automoteurs, on remarque ce passage:

« Lorsque nos machines seront munies de l'appareil « de M. Lechatelier, un seul frein sera nécessaire. Pour « que ce dernier appareil cesse d'occasionner une dé- « pense supplémentaire de combustible, il faudra lais- « ser monter la pression de manière à faire rentrer la « vapeur dans la chaudière au lieu de la laisser échap- « per à l'air libre. Nous supprimerons à la fois le bruit « et l'excès de dépense. »

Le 24, M. Ricour fait lui-même un essai dans ce sens, sur le chemin de fer de ceinture de Madrid, *avec le régulateur fermé.*

Après cet essai la question d'ouverture du régulateur est agitée, et M. Ricour décide que les expériences seront continuées avec le régulateur ouvert, ce qui a lieu en effet le 28, et le 1er mars en sa présence. — Ces diverses dates sont constatées par le relevé de l'état de service de la machine n° 358 qui portait l'appareil d'expérience.

C'est à partir seulement de cette époque que les essais entrent dans la voie que mes instructions du 19 septembre de l'année précédente avaient ouverte.

Le 26, M. Ricour part pour Valladolid et écrit le 27 à M. Des Orgeries (n° 10) :

« Les essais de la contre-vapeur me conduisent à « une solution d'une simplicité extrême : j'avais pensé « d'abord que, pour éviter l'introduction d'air sec « dans les cylindres, il fallait pour faire fonctionner « l'appareil de M. Lechatelier, produire un petit jet « de vapeur dans le tuyau d'échappement : *M. Lecha-« telier nous engage par sa dernière lettre à remplacer « le jet de vapeur par un jet d'eau.* Je suis conduit « au contraire à remplacer le petit jet de vapeur par « un jet plus abondant, à supprimer complétement « l'appareil de M. Lechatelier et à faire rentrer dans « la chaudière une grande partie de la vapeur que je « fais écouler par le tuyau d'échappement. C'est une « installation qui coûtera moins de 100 francs par ma-« chine et ne donnera lieu à aucune dépense supplé-« mentaire de charbon ou d'huile. J'envoie M. Pro-« veux faire l'essai dans les Pyrénées, pendant que je « le ferai dans le Guadarrama (1). »

Cette lettre était adressée personnellement à M. Des Orgeries, qui en a extrait les passages intéressant le service et les a transmis par lettre officielle du 28, sous le n° 2,130.

Il n'est pas question dans cette lettre de l'ouverture du régulateur; elle avait été cependant arrêtée en principe, et avait été effectuée le 28 par le mécanicien de la machine n° 358, en descendant à Avila, puis

(1) Je rappelle ici que cet appareil, auquel M. Ricour donne avec tant de persistance mon nom, était abandonné par moi depuis le 19 septembre de l'année précédente, et que son maintien avait été uniquement la conséquence de sa lettre du 27 octobre suivant à M. Germon.

reproduite le 1er mars en présence de M. Ricour au retour à Madrid. — Je dois mentionner ce fait, parce que, dans ma réponse du 3 mars (n° 11), à la communication de M. Des Orgeries et aux indications sommaires de M. Ricour, il se trouve constaté que dans ma pensée le renvoi de la vapeur à la chaudière impliquait l'ouverture du régulateur, ce qui n'était indiqué dans aucune des deux lettres que je venais de recevoir d'Espagne.

M. Ricour, en m'écrivant le 8 mars (n° 12) pour rendre un compte plus détaillé des expériences qui venaient d'être faites, établit qu'à ce moment nous étions bien d'accord sur ce point et sur l'ensemble des dispositions adoptées.

Je reviendrai plus tard sur ma lettre du 3 mars et sur celle de M. Ricour du 27 février; je me borne seulement à constater : 1° qu'en écrivant cette dernière, M. Ricour mentionne ma lettre du 21 précédent, qui avait dû rappeler à son souvenir mon programme du 19 septembre 1865, s'il l'avait perdu de vue; 2° que la combinaison annoncée et expérimentée le 1er mars reproduit exactement l'un des termes de ce programme; 3° qu'enfin M. Ricour repousse à ce moment l'idée de faire une injection d'eau, que j'avais indiquée dès l'origine, et sur laquelle je venais d'insister spécialement.— Ma lettre du 3 mars rappelle encore cette dernière idée, dont l'expérience a finalement fait reconnaître l'opportunité et la nécessité.

Au moment où, après un délai de cinq mois, et en six jours seulement, M. Ricour arrive juste au point où j'avais placé la question le 19 septembre de l'année précédente, en proposant la combinaison que je caractérisais par ces mots de *machine à vapeur inverse,* sans préjuger d'ailleurs, en quoi que ce soit, l'explication que pourra donner M. Ricour au sujet de la coïncidence de dates que j'ai signalée, il m'est permis de faire deux hypothèses : — ou bien M. Ricour a revu ma lettre du 19 septembre et en a compris la signification que lui donnent ces expressions : *refouler dans la chaudière*, qui s'y trouvent sous une forme concise mais très-nette, — ou bien il n'a pas revu ma lettre à ce moment, ou même l'ayant revue il n'a pas eu l'attention frappée par ces expressions.

Dans le premier cas, les expériences du 28 février et du 1er mars, seraient la réalisation pure et simple, bien que tardive, de ce que j'avais proposé.

Dans le second cas, M. Ricour aurait eu un double point de départ : 1° ma lettre primitive du 28 juillet, qui énonçait expressément l'idée de faire *entrer à la base du tuyau d'échappement de la vapeur venant de la chaudière* ; 2° ce qu'il avait recueilli dans ma lettre du 19 septembre et reproduit dans celle qu'il écrivait le 27 octobre suivant à M. Germon, c'est-à-dire l'envoi dans le tuyau d'échappement d'une *quantité de vapeur..., telle, que l'air n'entrât plus dans les cylindres, et qu'il y eût constamment un échappement de vapeur par la cheminée.*

Même en faisant abstraction complète, dans cette seconde hypothèse, du principe du refoulement dans la chaudière incontestablement énoncé le 19 septembre, il n'y avait que deux pas à faire pour arriver au but, et chacun d'eux a été un tâtonnement imposé par une nécessité évidente.

On ne pouvait pas, en effet, songer à ériger en système une combinaison consistant, au lieu d'ouvrir purement et simplement le régulateur, comme cela s'est fait de tout temps dans le renversement de la vapeur, à établir à côté de son tiroir un nouveau tiroir, ou une soupape, pour rejeter dans l'atmosphère de la vapeur pure, produite au moyen d'une dépense considérable de combustible.

On ne pouvait pas non plus songer à marcher systématiquement avec le régulateur fermé ; l'expérience du 24 février sur le chemin de fer de ceinture l'avait montré, et quelques jours plus tard, un agent du service de la traction, qui n'avait pas compris les instructions données, a mis hors de service une machine à 8 roues accouplées en marchant dans ces conditions anormales.

En tout cas, en matière d'invention, un oubli ou une erreur du dernier venu ne renverse pas une priorité reposant sur des documents authentiques.

Je me crois donc parfaitement autorisé, en ce qui concerne la marche à contre-vapeur par injection de la vapeur seule, à contester à M. Ricour toute initiative ou toute priorité d'idée ou de principe à cet égard, — à repousser cette allégation : que mon initiative se serait bornée à demander l'essai d'une modification du frein à air comprimé de M. de Bergue, et que la solution obtenue diffère essentiellement, quant au principe et au mode de construction, de ce que j'avais proposé.

M. Ricour a condamné lui-même, à l'avance, ses prétentions, en adoptant, pour caractériser le système nouveau, le nom de *tube d'inversion*. Ce n'est pas une dénomination usuelle dans le vocabulaire des mécaniciens; elle dérive évidemment des expressions : *ma-*

chine à vapeur inverse, par lesquelles j'avais résumé, dès le point de départ en septembre 1865, l'une des combinaisons au moyen desquelles on pouvait essayer d'obvier aux difficultés du renversement de la vapeur. — Il affirme ainsi l'identité qui existe entre cette combinaison et le résultat obtenu le 28 février et le 1er mars 1866.

Deuxième série d'essais. — Injection d'eau.

On entre, au commencement de mars, dans la seconde phase des essais ; l'injection de l'eau dans les cylindres, que j'avais indiquée pour la première fois le 19 septembre 1865, rappelée avec insistance le 21 février 1867, qui avait été discutée le 27 février dans la conférence de Valladolid, et qui avait été repoussée, est bientôt reconnue nécessaire.—Elle est pratiquée le 22 et le 24 mars dans les expériences qui ont été considérées comme fournissant la solution définitive.

Mais les appréhensions, que cette injection d'eau avaient fait naître, empêchent M. Ricour d'en faire une application assez large. — Il doit s'y reprendre à plusieurs fois, en augmentant successivement la proportion d'eau envoyée aux cylindres, et sa mission en Espagne arrive à son terme avant qu'il ait pu assurer complétement le service de la contre-vapeur sur ses machines, au moins sur les machines à 8 roues accouplées ; il me laisse enfin le soin d'achever l'étude de cet élément fondamental de la question.

Il est juste de reconnaître que, dans cette conférence de Valladolid, c'est M. Ricour qui a posé la question de l'injection de l'eau, et que cette idée a été repoussée par ses collaborateurs ; mais il est regrettable qu'il n'ait pas mis sous leurs yeux mes lettres du 19 septembre, et surtout celle du 21 février, qui venait de lui parvenir. — Cette communication aurait donné plus d'autorité à la proposition qu'il formulait, et en tout cas elle aurait couvert le service du matériel pour la responsabilité des avaries qu'on redoutait.

Je reprends le compte-rendu des essais.

M. Ricour fait connaître le 20 mars (n° 15) les résultats d'une expérience qu'il a faite le 17, pour constater si la chaleur développée par le travail à contre-vapeur pouvait entretenir la pression dans la chaudière. — Les garnitures avaient encore brûlé, et M. Ricour conclut en disant : « Je modifie un peu l'installation pri- « mitive de manière à la simplifier encore et d'injecter « dans le tuyau d'échappement de la vapeur très-humide. « J'utilise l'un des robinets réchauffeurs pour la prise « de vapeur, de sorte que je n'ai plus aucun robinet « nouveau à mettre sur la chaudière. »

M. Ricour rend compte à la date du 26 mars (n° 16) des essais qui ont eu lieu quelques jours avant, et qu'il a considérés comme ayant donné un résultat complet et définitif.

Le moyen employé pour aboutir au résultat cherché est décrit en ces termes : « Pour empêcher la tempé- « rature de s'élever dans les cylindres au moment où « la vapeur de la chaudière est admise directement « dans ceux-ci et vient comprimer brusquement la « vapeur aspirée, il est nécessaire que cette dernière

« vapeur soit chargée d'eau ; la chaleur due au travail « de compression est employée à vaporiser l'eau « entraînée ; il faut injecter dans ce but 10 à 15 gram- « mes d'eau par cylindrée. Pour remplir cette condi- « tion, il m'a suffi de faire déboucher dans mon gros « tube de prise de vapeur le petit tube qui sert à pur- « ger le niveau d'eau ; la section est juste suffisante « pour écouler l'eau nécessaire. Le mécanicien a ainsi « sous la main les deux robinets qu'il doit commencer « par ouvrir dès qu'il veut renverser la marche.....

« Je m'empresserai de commencer aujourd'hui le « rapport plus détaillé qui résumera les expériences « faites et les résultats obtenus. »

Si l'on examine de plus près ce qui a été fait pour arriver au résultat annoncé, on reconnaît facilement que la dénomination de *vapeur très-humide*, employée par M. Ricour dans sa lettre du 20 mars, est insuffisante pour caractériser la nature du moyen employé. C'est en réalité par une véritable *injection d'eau*, comme je l'avais indiqué dès l'origine et rappelé à deux reprises différentes, que les difficultés ont été levées.

Les trains 2 et 3, sur lesquels les essais ont été faits, étaient des trains de voyageurs, dont la vitesse ordinaire peut être estimée au minimum, entre les stations, de 35 à 40 kilomètres à l'heure. La machine d'expérience était à six roues accouplées, de $1^{m}30$ de diamètre; une vitesse de 2 tours 1/2 de roues par seconde donne une vitesse de $36^{k}72$ à l'heure et 10 cylindrées par seconde. Une injection d'eau de 10 à 15 grammes par cylindrée représente donc, pour cette vitesse, 6 à 9 kilogrammes d'eau par minute, c'est-à-dire pour le dernier chiffre qui a peut-être été dépassé dans l'expérience, près d'un *hectolitre d'eau* en 10 minutes, ou enfin plus d'un *demi-mètre cube* par heure.

L'artifice, condamné le 27 février, auquel on a eu recours le 22 mars, est donc bien une injection d'eau, seulement cette eau a été additionnée de vapeur.

C'est après ces expériences que M. Ricour a commencé la rédaction de son rapport, qui a été inséré dans les *Annales des mines*; il m'a été adressé le 29 avril par M. Des Orgeries, et n'a été transmis à M. le ministre des travaux publics que le 23 juin, après le règlement, par une sorte d'arbitrage amiable, des réclamations que la forme de rédaction adoptée par l'auteur m'avait mis dans le cas de faire, et que mes protestations actuelles ne font que renouveler.

Les principes formulés par M. Ricour dans son rapport ne m'avaient pas fait perdre de vue l'importance que j'attachais à l'injection de l'eau.

Le 15 mai, après la lecture du mémoire, j'écrivais dans une lettre particulière adressée à M. Des Orgeries, au sujet de mes réclamations : « Il me parait donc bien « établi que c'est moi qui ai indiqué le premier et long- « temps à l'avance l'emploi de la vapeur et de l'eau. — « *Or, pour moi, l'eau est toute la solution : cette solution* « *est nécessaire et générale.* » A la même époque je formulais cette idée sous les formes les plus variées ; je ne l'ai jamais perdue de vue, malgré les assurances que je trouvais dans les rapports officiels venus de Madrid, attestant que tout allait pour le mieux, « *que les résultats* « *obtenus sont conformes aux conclusions du rapport*

« *de M. Ricour, transmis le 29 avril* (lettre de la direction en date du 6 novembre 1866).

Je ne crains pas de dire que si les ingénieurs des compagnies françaises ont sauté par-dessus les prescriptions du mémoire de M. Ricour, pour arriver sans tâtonnement à un emploi efficace de la contre-vapeur, cela doit être attribué surtout, soit à l'expression de mes idées consignées dans les extraits de ma correspondance annexés à ce mémoire, soit à mes entretiens fréquents avec quelques-uns d'entre eux.

C'est sous l'empire de cette pensée persistante que j'ai fait, le 5 janvier dernier, la première expérience pour l'injection de l'eau seule, et c'est aux communications que j'ai été ainsi conduit à faire à la direction du Nord de l'Espagne, que sera due la régularisation de l'emploi de la contre-vapeur sur ce chemin de fer lui-même.

J'ai analysé dans mon mémoire celui que M. Ricour a déjà publié, et j'ai montré comment il avait été conduit à établir un rapport très-exagéré entre la vapeur et l'eau, dans son tableau des injections théoriques; j'ai fait voir quelle était la conséquence de la correction recommandée par lui, en termes généraux; j'ai indiqué la modification qu'il avait fait subir aux résultats de sa théorie dans la première application, et la nouvelle modification qu'il avait été obligé de faire après six mois d'épreuve; j'ai signalé enfin les circonstances qui plaçaient les machines du chemin de fer du Nord de l'Espagne dans des conditions particulières en ce qui concerne les volumes d'aspiration, et j'ai indiqué la limite vraisemblable que ne doit pas dépasser l'addition de la vapeur.

Tout cela peut se résumer au moyen de quelques

chiffres que je réunis dans le tableau ci-après. — Ces chiffres se rapportent au cas de marche à contre-vapeur à forte admission, qui est le plus important ; c'est seulement en marchant à des crans élevés, ou même près de la limite de travail, qu'on peut assurer le service des plans inclinés, ou gouverner sur des pentes moyennes des trains lourdement chargés. — Pour les premiers crans, jusque vers le quart de la course, les causes d'échauffement sont limitées et l'exact rafraîchissement des cylindres n'est même pas indispensable.

Le terme de comparaison qu'il convient d'adopter est le rapport entre les quantités d'eau et de vapeur. Pour chaque machine, à chaque cran d'admission correspond un certain volume d'aspiration ; pour que la chaleur dégagée soit absorbée complétement, il faut qu'il puisse pénétrer une certaine quantité d'eau dans le cylindre, et pour cela il faut que la vapeur destinée à faire le remplissage de ce volume soit chargée d'une proportion d'eau suffisante ; une fois cela obtenu, il ne reste plus qu'à régler le débit de manière à ne pas perdre par la cheminée une trop grande quantité de vapeur et d'eau; l'efficacité des règles adoptées pour l'usage systématique de la vapeur et de l'eau, doit donc se mesurer par le rapport de ces deux éléments. C'est sous cette forme qu'a été dressé le tableau :

DATES OU ÉPOQUES.	RAPPORT des INJECTIONS. EAU.	VAPEUR.
19 septembre 1865.—Programme des expériences.—Vapeur . .	0	100
1er mars 1866. — Premier essai à régulateur ouvert.	0	100
29 avril 1866. — Poids théoriques de M. Ricour. — 9e cran.	100	336
16 juillet 1866. — Première application en Espagne	100	180
29 avril 1866. — Poids théoriques corrigés.	100	126
23 octobre 1866. — Doublement de l'injection d'eau.	100	90
Année 1869. — Limite à fixer pour le Nord d'Espagne.	100	50
5 janvier 1869.— Première expérience avec l'eau seule.	100	0
19 septembre 1865. — Programme des expériences. — Eau. .	100	0

Il aurait fallu que M. Ricour, pour se placer dans de bonnes conditions et pour parvenir au but, augmentât ses poids théoriques d'eau dans le rapport de 1 à 6 ou à 7; cela était nécessaire au moins pour les machines à marchandises à 8 roues accouplées, qui descendent les pentes du Guadarrama avec un excès de charge.

M. Ricour, en mai ou juin 1866, au moment où mes premières réclamations se sont produites, a présenté l'injection simultanée de la vapeur et de l'eau, comme une combinaison spéciale, qui lui était propre, essentiellement distincte de la proposition que j'avais faite d'injecter de la vapeur ou de l'eau. — Quand bien même le succès n'aurait été possible qu'à la condition de faire, dans de certaines proportions, des mélanges de vapeur et d'eau, il n'y aurait eu là qu'une variante inséparable du point de départ, un de ces détails d'exécution qui rentrent dans les conditions naturelles d'expérimentation de toute idée nouvelle.

Mais l'expérience n'a pas tardé à démontrer qu'il ne suffisait pas, dans les limites de travail qui exigeaient plus particulièrement une solution de problème du renversement de la vapeur, de rendre la vapeur plus ou moins humide, qu'il fallait au contraire faire prédominer l'eau sur la vapeur. — Et enfin l'expérience a démontré que la vapeur, lorsque son rôle n'était pas nuisible, n'était qu'un accessoire facultatif dont on pouvait à volonté s'affranchir ou tirer parti pour satisfaire à des conditions accessoires.

En dehors des cas où l'on peut se borner, comme l'a fait le Nord français, à exclure les gaz chauds par une injection de vapeur, il n'y a qu'une solution, c'est l'injection de l'eau ; l'addition de la vapeur n'est pas indispensable, et, dans les cas où des motifs accessoires la rendent utile, elle n'a qu'un rôle passif.

Or, ce n'est pas M. Ricour qui a eu l'idée de faire des expériences sur la contre-vapeur, celles qu'il a dirigées ont été uniquement l'accomplissement d'un devoir de service ; ce n'est pas lui non plus qui a eu l'idée d'injecter de l'eau dans les cylindres et, avant de l'appliquer timidement et d'une façon qui est restée insuffisante, il l'avait combattue.

M. Ricour n'a donc, de ce chef encore, aucun droit, aucune priorité à revendiquer, en ce qui concerne l'invention de la contre-vapeur ; rien ne l'autorise à exprimer l'opinion que la solution acquise diffère essentiellement par le principe et par le mode d'exécution de ce que j'avais proposé.

Je n'avais jamais cherché jusqu'ici à me poser en auteur

exclusif du procédé nouveau. J'ai pendant longtemps cherché, au contraire, à faire prévaloir le nom collectif *de frein ou système du Nord de l'Espagne*, qui laissait une certaine part, une part indéterminée à M. Ricour. — Mais lorsque les hommes du métier ont fini par donner mon nom à ce système, et ont cru devoir faire deux parts : pour moi l'invention, pour M. Ricour l'expérimentation et l'application, j'avais assez conscience de la nouveauté et de l'importance des idées que j'avais produites, de la valeur des résultats qu'elles avaient amenés, pour ne pas hésiter à considérer ce jugement comme équitable et comme parfaitement conforme à l'état réel des choses.

Si je sors de l'attitude réservée dans laquelle je m'étais appliqué à rester, j'y suis conduit uniquement par les attaques de M. Ricour.

Premières discussions de priorité.

Il n'est pas sans intérêt, pour simplifier les discussions qui pourraient se produire à ce sujet, que j'explique par quelles phases successives j'ai passé pour arriver à l'exposé et aux conclusions que je présente.

Lorsque j'ai eu, en juillet 1865, la pensée de faire faire des essais, lorsque j'ai donné, le 19 septembre 1865, un programme d'expériences régulières à entreprendre et lorsque j'ai rappelé, en février et en mars 1866, le principe qui me paraissait essentiel, il ne m'était pas venu dans l'idée que j'aurais jamais à discuter une question de priorité avec l'un des ingénieurs appelés par moi à participer à cette étude ; j'ai correspondu avec M. Des Orgeries sous l'influence des lettres que je recevais, aidé seulement de mes souvenirs; il ne m'est pas arrivé une seule fois, la correspondance le montre assez, de revoir mes lettres antérieures, qui étaient disséminées dans de nombreux registres de décalque.

Il est arrivé, par suite, que j'ai attribué à plusieurs reprises à M. Ricour ce qui n'était en réalité que la reproduction de mes propres idées.

Ainsi, le 28 juillet, j'avais, comme première indication des combinaisons à chercher, signalé l'introduction *à la base du tuyau d'échappement de l'air frais ou de la vapeur venant de la chaudière.* — Six semaines après, le 14 septembre, M. Ricour écrit : « *Nous espérons trouver une combinaison qui nous permettra*..... « *Nous pensons*, du reste,..... en ménageant, si cela est « nécessaire, une *entrée spéciale à l'air frais* et en ayant « recours à un mince *jet de vapeur*, etc. » Je réponds, le 19, sans faire attention qu'il n'y a là qu'une nouvelle édition de mes propres idées : « Je crois que « l'idée de M. Ricour de faire intervenir la vapeur est « très-bonne. »

Le 27 février 1866, M. Ricour, en repoussant l'injection de l'eau sur laquelle je venais d'insister, dit : « Les essais de la contre-vapeur *me conduisent* à une « solution d'une simplicité extrême ; *j'avais pensé* « d'abord que pour éviter l'introduction d'air sec dans « les cylindres, il fallait..... produire un petit jet de « *vapeur* dans l'échappement..... *Je suis conduit* au « contraire.... » Cette lettre m'arrive le 3 mars, cinq mois et demi après l'envoi de ma lettre du 19 septembre. — En répondant, le 3 mars, je laisse partir, avec ma signature, une lettre préparée par un tiers (n° 11), qui me fait attribuer à M. Ricour le mérite de cette combinaison que j'avais fournie tout entière.

La lettre du 8 mars, dans laquelle M. Ricour me donne des détails plus circonstanciés, ne dissipe pas mes illusions à ce sujet, et, le 12 mars, j'écris une lettre (n° 13) qui paraît avoir été rédigée sous la même influence.

Le lendemain j'écris à Vienne, au directeur général de la Société autrichienne, pour l'engager à faire faire des expériences, en lui disant que le point de départ a été l'essai d'un frein à air comprimé, et que c'est M. Ricour qui a eu l'heureuse idée de faire rentrer la vapeur dans la chaudière, au lieu de la perdre dans l'atmosphère.

J'écris dans le même sens à M. Flachat, le 28 mars, en le priant de faire une communication à la Société des ingénieurs civils.

J'avais été mal servi par ma mémoire, et je m'empressais de rendre à M. Ricour un hommage, que l'illusion produite par sa correspondance me faisait considérer à ce moment comme l'expression de la réalité.

Mais quelques jours après, le 31 mars, je reçois de M. Des Orgeries une lettre qui m'étonne, et qui me fait faire un premier retour en arrière dans mes souvenirs. — M. Des Orgeries demandait que pour récompenser M. Ricour du service nouveau et important que *son idée, son système* est appelé à rendre, on l'autorise à prendre des brevets.

Le lendemain, 1er avril, je réponds à M. Des Orgeries : « Je ne partage pas vos idées relativement à la « prise d'un brevet par M. Ricour.—J'ai spontanément

« pensé à prendre ces expériences de contre-vapeur et « les résultats obtenus comme un moyen d'être utile à « M. Ricour auprès de la Compagnie et de l'adminis- « tration des ponts et chaussées ; je suis tout disposé « à reconnaître le mérite qu'il a eu, en les suivant avec « soin, en en discutant les résultats, et en étant le pre- « mier à tirer la conséquence naturelle des faits « observés.

« Mais je ne crois pas que le résultat final puisse se « séparer du point de départ et des intermédiaires ; « sans chercher à mesurer la part de chacun, il me « semble que la sienne n'a pas plus d'importance que « la mienne. S'il y avait un brevet à prendre il devrait « être pris en notre nom collectif, ou plus rigoureuse- « ment encore au nom de la Compagnie, pour le compte « et aux frais, risques et périls de laquelle nous avons « travaillé, dans la sphère de nos devoirs de service les « plus directs. »

Le 1er mai, le rapport de M. Ricour arrive avec une lettre de M. Des Orgeries ; je vois dans ces deux documents qu'il n'a été tenu aucun compte de mes observations précédentes ; M. Ricour réduisait déjà mon rôle à celui d'imitateur du frein à air comprimé du système de Bergue. — La lettre d'envoi de M. Des Orgeries présentait les résultats comme étant l'œuvre personnelle de M. Ricour. — Cette communication a amené de ma part la réponse suivante, en date du 5 mai :

« Je ne crois pas que M. Ricour ait sagement fait de « présenter la question de la contre-vapeur d'une façon « aussi personnelle, et à mon avis peu équitable. Son « rapport pourra susciter des réclamations de divers « côtés. Son personnel se plaindra de ne pas avoir

« obtenu quelques mots d'éloge par lesquels l'au-
« teur d'un travail important remercie ses collabora-
« teurs de tout ordre de leur concours intelligent,
« dévoué, etc. Des réclamations de priorité pourront
« s'élever du dehors. M. Ricour me place enfin dans
« une assez fausse position, en me constituant à l'état
« de réclamant.

« En relisant ma correspondance je trouve, confor-
« mément à mes souvenirs sur lesquels s'appuyait seu-
« lement ma lettre du 1er avril, que, dès le 28 juillet et
« le 19 septembre de l'année dernière, j'indiquais tout
« ce qu'il y avait d'essentiel à faire pour combattre
« l'échauffement des cylindres, qui constitue le princi-
« pal, si ce n'est le seul obstacle, à l'emploi permanent
« de la contre-vapeur.

« Le 28 juillet, je recommandais d'ouvrir très-large-
« ment la rentrée d'air dans la boîte à fumée, et, si
« l'expérience montrait que cela ne suffisait pas, j'indi-
« quais l'injection à la base du tuyau d'échappement
« d'un courant de vapeur venant de la chaudière.

« Le 19 septembre j'indiquais qu'au besoin on pou-
« vait injecter une quantité de vapeur suffisante pour
« que l'air n'entrât plus dans les cylindres et qu'il y
« eût constamment un échappement de vapeur par la
« cheminée.

« L'expérience montrant que le mélange de la vapeur
« avec l'air ne suffisait pas pour empêcher l'échauffe-
« ment et qu'il fallait exclure les gaz de la boîte à
« fumée des cylindres, par l'injection d'une quantité
« surabondante de vapeur, dont l'excès s'échapperait
« par la cheminée, il allait de source qu'il fallait fermer
« les orifices d'émission de la vapeur comprimée dans

« l'atmosphère, et ouvrir le régulateur pour la faire « rentrer dans la chaudière, au lieu de continuer à « brûler du combustible pour la produire.

« J'indiquais enfin le 19 septembre que si l'exclu- « sion de l'air ne suffisait pas, on pourrait, au lieu de « vapeur, lancer un petit jet d'eau dans le tuyau « d'échappement.

« La solution était ainsi complète, peut être moins « bonne qu'avec un mélange de vapeur et d'eau, mais « elle eut été obtenue six mois plus tôt. Ce n'est qu'à « la fin que M. Ricour s'est décidé à faire intervenir « l'eau liquide dont l'intervention était, en fin de « compte, nécessaire pour arriver à un résultat défi- « nitif.

« Je suis bien loin de nier le mérite de M. Ricour et « les services qu'il a rendus dans cette circonstance, en « suivant dès l'origine avec intérêt ces essais, plus tard « en les dirigeant personnellement, en déduisant suc- « cessivement des résultats de l'expérience les consé- « quences qui pouvaient en ressortir, en discutant « avec intelligence et sagacité les données du problème « pour en dégager la solution complète.

« M. Ricour, au lieu de me présenter dans son rap- « port comme n'étant intervenu que *pour l'engager à* « *étudier la question* de la marche à contre-vapeur, et « seulement pour proposer une simplification d'instal- « lation dans l'appareil du chemin de fer de l'Ouest, « aurait dû relater, soit dans le texte de son mémoire « soit même seulement en note au bas de la page, les « indications de mes lettres du 28 juillet et du 19 sep- « tembre 1865, indications que l'expérience a démon- « trées fondamentales.

« Je ne serais pas, vis-à-vis du mémoire de M. Ricour, « et par les communications que j'ai faites aux ingé- « nieurs de Paris et de Vienne en nom collectif avec « M. Ricour, exposé à une accusation d'usurpation des « idées d'autrui.

« M. Ricour s'est peut-être cru autorisé à me mettre « complétement de côté par ma lettre personnelle du « 12 mars, où je disais : « Je prierai seulement « M. Ricour, *s'il me nomme à l'occasion du point de* « *départ de ces essais*, de me désigner, etc. » Ma lettre « du 1er avril aurait cependant bien dû rectifier ses « idées à ce sujet.

« Je prévois donc que je serai amené, soit à joindre « à l'envoi du mémoire de M. Ricour au ministre des « travaux publics, qui a été autorisé par le Conseil, « soit à remettre à la commission qui sera chargée de « l'examiner, une note rectificative des omissions de « M. Ricour.

« Avant de le faire je vous communique mes im- « pressions, afin que vous puissiez les redresser si « vous croyez que je me trompe, et afin que vous puis- « siez provoquer les contre-observations de M. Ri- « cour. »

Le lendemain 6, j'ai écrit une nouvelle lettre à M. Des Orgeries, en lui disant : « La lettre que je vous « ai adressée hier est faite pour que vous la montriez « à M. Ricour; son but est de provoquer une réplique, « si je me trompe, non pas dans les faits qui sont « extraits de la correspondance, mais dans mes appré- « ciations. »

Je ne pense pas que cette correspondance ait été montrée à M. Ricour purement et simplement malgré ma recommandation réitérée; mais il en a au moins connu la substance. M. Des Orgeries m'a répondu, en effet, le 8 mai, qu'il ne pouvait pas faire cette communication, parce que c'était un réquisitoire auquel, à son avis, M. Ricour ne pouvait répondre qu'en se retirant de la Compagnie. — Comme j'avais pour premier devoir de ne pas désorganiser la marche des services, je me suis arrêté devant cette observation et je me suis rabattu sur une sorte d'arbitrage amiable, qui, au bout de six semaines, a produit la rédaction actuelle du préambule du mémoire de M. Ricour et la note A (1).

Je suis obligé d'entrer dans ces détails, pour montrer que s'il s'est produit à l'origine, suite de la forme personnelle de la correspondance qui m'était adressée, une certaine confusion, elle n'a pas été de longue durée.

Ces détails sont d'autant plus nécessaires, qu'il paraîtra dans les *Annales des ponts et chaussées*, en même temps que ce mémoire sera publié, un nouveau mé-

---

(1) « Dans une lettre du 18 juillet 1865, M. l'ingénieur en chef « Lechatelier, en exprimant la conviction que l'on remédierait facile- « ment aux inconvénients de la contre-vapeur, dès qu'on voudrait « bien étudier à fond cette question, traçait le programme des essais « qu'il recommandait de faire.

« Les résultats auxquels nous sommes parvenus sont ainsi dûs « d'abord à l'intervention de M. Lechatelier qui a demandé que « l'on procédât à des essais. Ils sont dûs aussi pour une bonne partie « au programme qu'il avait donné pour servir de base à ces essais, « et aux indications qu'il a ajoutées à mesure de la marche des ex- « périences. (Voir note A.) »

Extrait du mémoire de M. Ricour. — Annales des mines. Tome X. — 6e Série. — P. 143 et 144.

moire de M. Ricour, accompagné d'une nouvelle annexe A, reproduisant des extraits de correspondance, les uns fournis par moi, les autres fournis par M. Ricour ; la nature même de ces documents, présentés à des points de vue différents, ne sera pas de nature à éclaircir la question. — J'ai dû y pourvoir pour mon compte.

La protestation que je fais aujourd'hui contre le renouvellement des allégations de M. Ricour n'est que la reproduction de celle que j'avais faite dès le premier jour. Il y a toutefois cette différence aujourd'hui, c'est que j'ai voulu savoir exactement le détail de ce qui s'était passé en Espagne à l'occasion de la contre-vapeur, que j'ai voulu étudier au fond le mémoire de M. Ricour, et qu'enfin j'ai pu achever la vérification des idées que j'avais émises à l'origine.

Résumé et conclusion.

L'historique de la contre-vapeur, en ce qui concerne ma part et celle de M. Ricour, se résume, par ordre de dates, dans les faits suivants :

28 *juillet* 1865. — Je prends l'initiative d'une étude du renversement de la vapeur. — J'indique, dès ce moment, une combinaison consistant à *faire entrer à la base du tuyau d'échappement de l'air frais ou de la vapeur venant de la chaudière, etc., etc.*

14 *septembre* 1865. — M. Ricour propose de continuer les essais *en ménageant, si cela est nécessaire, une entrée spéciale à l'air frais*, et *en ayant recours à un mince jet de vapeur* à introduire *avec cet air*.

19 *septembre* **1865.** — Je formule un programme complet d'expériences, comprenant : — 1° l'établissement *d'un tuyau, fermé par un robinet à la main du mécanicien,* allant de la chaudière *à la base du tuyau d'échappement ;* — 2° le *refoulement dans la chaudière;* — 3° l'abandon de l'idée de l'*entrée d'air frais;* — 4° l'essai, en proportions à fixer, d'un *mélange d'air et de vapeur humide ;* — 5° l'injection d'une *quantité de vapeur telle que l'air n'entre plus dans les cylindres, et qu'il y ait constamment un échappement de vapeur par la cheminée;* constituant *une sorte de machine à vapeur inverse* — 6° *au lieu de vapeur* l'envoi *d'un petit jet d'eau* dans le tuyau d'échappement.

28 *septembre* **1865.** — **M.** Des Orgeries recommande l'étude de ces diverses *solutions*, et autorise celle de la modification proposée au *procédé primitif* par **M.** Ricour.

27 *octobre* **1865.** — **M.** Ricour ne comprend qu'imparfaitement ma lettre du 19 septembre, on en modifie les indications, en prescrivant de continuer l'essai du procédé primitif avec *de l'air chargé de vapeur ou mieux encore de la vapeur seulement*, en perdant la vapeur par la soupape de l'appareil.

Novembre **1865,** *janvier* **1866.** — Des essais, conformes aux instructions de **M.** Ricour sont faits en novembre et janvier.

17 *février* **1866.** — **M.** Ricour rend compte de ces essais et conclut que l'on doit *chercher à éviter d'injecter dans les cylindres une aussi forte quantité de vapeur ;* il annonce qu'il fait *continuer les expériences dans ce but.*

21 *février* **1866.** — Je rappelle que *dans ma cor-*

respondance antérieure j'avais *indiqué que c'était de* L'EAU *ou de la vapeur qu'il faudrait prendre dans la chaudière, pour rafraîchir les cylindres*. J'insiste sur l'injection d'un petit filet d'eau.

23 *février* 1866. — M. Ricour, en écrivant à M. Germon, exprime l'idée que pour éviter une dépense supplémentaire de combustible, *il faudra laisser monter la pression de manière à faire rentrer la vapeur dans la chaudière au lieu de la laisser échapper à l'air libre.*

24 *février* 1866. — Essai sur le chemin de fer de ceinture de Madrid, *le régulateur fermé.*

27 *février* 1866. — M. Ricour écarte l'idée d'injecter de l'eau.

28 *février* et 1er *mars* 1866. — On marche avec excès de vapeur et le régulateur ouvert. — La *machine à vapeur inverse* est constituée.

17 *mars* 1866. — Essai avec la vapeur seule. — Les garnitures brûlent ; on reconnaît la nécessité de rendre la vapeur *très-humide*.

22 et 24 *mars* 1866. — Essais avec injection de 10 à 15 grammes d'eau par cylindrée, ou environ 6 à 9 kilogrammes par minute.

29 *avril* 1866. — Mémoire de M. Ricour. donnant un tableau des poids théoriques de vapeur et d'eau à injecter. — Correction de plus de 150 0/0 sur les poids d'eau théoriques.

16 *juillet* 1866. — Fixation du débit des robinets d'eau et de vapeur. — M. Ricour réduit d'environ moitié le rapport théorique de la vapeur à l'eau.

23 *Octobre* et 6 *novembre* 1866. — Remaniement du

débit des robinets ; le rapport de l'eau à la vapeur est doublé.

9 *Mai* 1867. — M. Ricour repousse la substitution de la vis au changement de marche à levier.

28 *Octobre* 1868. — On suspend de nouveau le service de la contre-vapeur dans les machines à 8 roues accouplées.

5 *janvier* 1869. — Je démontre par des expériences directes que l'injection d'eau seule satisfait à toutes les conditions du problème.

Je ne discute pas la part de M. Ricour, en ce qui concerne l'expérimentation et l'application ; chacun pourra au moyen de cet exposé et à l'aide des documents à l'appui prononcer un jugement ; mais je n'hésite pas à lui contester, dans la création du nouveau système de marche à contre-vapeur, toute participation à ce qui peut être caractérisé par le nom d'*invention*.

5 *mars* 1869.

ANNEXE [1]

1° M. Le Chatelier à M. Des Orgeries.

Paris, le 28 juillet 1865.

Mon cher Camarade,

Je vous prie de faire faire le plus tôt possible une expérience qui m'intéresse pour la solution d'une question que je discute avec M. Flachat, et qui surtout peut conduire à des résultats avantageux pour votre service.

Un inventeur a imaginé un procédé qui fonctionne avec succès pour marcher à contre-vapeur à la descente des fortes rampes.

Vous savez que lorsque l'on renverse la vapeur, l'air entre par le tuyau d'échappement, est emprisonné dans les cylindres, refoulé dans le tuyau de prise de vapeur, soulève le régulateur et pénètre

---

(1) Pour l'intelligence de cette correspondance, je rappelle que je remplissais à Paris, en ce qui concerne les services techniques, et sous le titre d'Ingénieur en chef délégué, des fonctions équivalentes à celles de Directeur général. — M. Des Orgeries dirigeait les services en Espagne avec le titre de Directeur de la Compagnie. — M. Ricour était Ingénieur en chef du matériel et de la traction, sous les ordres de M. Des Orgeries, et M. Germon, Ingénieur ordinaire, sous les ordres de M. Ricour.

Une partie des lettres a été reproduite sur les copies envoyées de Madrid par le directeur de la Compagnie ; — elles portent avant la signature le mot : *signé*.

dans la chaudière, dans laquelle il élève promptement la pression, de manière à faire soulever les soupapes.

La pression qui s'élève dans la chaudière, souvent au delà de la limite réglementaire, fait fuir les joints et peut occasionner quelques ruptures de pièces; on ne marche à contre-vapeur que dans des cas extrêmes.

L'inventeur en question a imaginé de faire un tiroir de régulateur, qui lorsqu'il est fermé permet de faire sortir à l'extérieur de la chaudière l'air refoulé par la marche à contre-vapeur, et de l'envoyer dans un petit réservoir porté sur la chaudière, qui fait régulateur de pression.

Deux soupapes, disposées sur un appendice de ce réservoir sont, l'une, chargée par un ressort, pour limiter la pression que l'air peut atteindre, l'autre manœuvrée par une tringle à la main du mécanicien, qui permet d'émettre une quantité d'air variable, telle que la pression se maintienne au point convenable, que fixe le mécanicien, pour déterminer une résistance au mouvement de la machine, sans que les roues motrices s'arrêtent et glissent ou patinent.

Lorsqu'on a apporté au Comité du Midi le dessin de cet appareil qu'on essaie avec succès sur le chemin de fer de l'Ouest, j'ai prétendu qu'on n'avait jamais bien défini les conséquences et les inconvénients de la contre-vapeur, que c'était certainement un préjugé qui la faisait redouter si généralement, et qu'il était regrettable que les Ingénieurs ne se fussent pas appliqués à constater la cause des inconvénients et à y remédier, ce qui probablement n'aurait pas été très-difficile, sans qu'il fût nécessaire de mettre sur le dos des machines des mécaniques comme celle qu'on nous présentait; la discussion s'est animée et m'a conduit à improviser une solution qui me paraît possible, malgré la condamnation que M. Flachat a prononcé contre elle.

Cette solution consiste à mettre sur le tuyau de prise de vapeur, entre les cylindres et le régulateur, au point qui sera le plus commode, un petit ajutage, fermé par un robinet ou mieux par un tiroir, manœuvré par une vis, commandé par une tringle à la main du mécanicien.

Le mécanicien renversera la vapeur comme d'habitude et aussitôt il ouvrira ce robinet d'évacuation d'air refoulé, en suivant des yeux le manomètre, pour se rendre compte des variations de la pression dans la chaudière et pour la régler au moyen de ce robinet. (Voir à la fin.)

S'il s'agit d'éviter une collision, il renversera purement et simplement la vapeur; s'il s'agit au contraire de descendre une rampe il limitera la pression dans la chaudière de manière à ne pas dépasser le but et à ne pas arrêter le train.

L'inconvénient que peut présenter une disposition de ce genre, sera sans doute la nécessité de ne pas puiser indéfiniment de l'air chaud et chargé de cendres dans la boîte à fumée pour le faire passer dans les cylindres, ce qui les échaufferait et les salirait; mais il est exactement le même pour le système essayé sur les quelques kilomètres de la rampe du chemin de fer atmosphérique; c'est à l'expérience à décider si on peut marcher ainsi pendant longtemps sur des pentes très-longues.

Il suffira que mon système marche à peu près pour qu'on se rende compte de ce point de vue très-important; à son défaut on prendrait le système plus complet du chemin de l'Ouest.

Celui-ci a un grave inconvénient, c'est d'amplifier beaucoup le régulateur de prise de vapeur et d'en rendre plus difficile la manœuvre déjà difficile par elle-même.

Lorsqu'il s'agira de modérer la marche à la descente, la manœuvre pourra se faire très-simplement; le régulateur étant fermé et tenu fermé par la pression intérieure de la chaudière qui est de 7 à 8 atmosphères, le levier de changement de marche étant au point mort, le mécanicien ouvrira en grand son robinet d'évacuation de l'air comprimé, puis mettra le levier de changement de marche en arrière, au point le plus convenable pour éviter les claquements du tiroir sur leur siége (s'il peut s'en produire, ce que je n'ai pas le temps d'examiner) et fermera graduellement le robinet d'évacuation de l'air, de manière à créer en arrière du piston une résistance de 1/2—1—2 atmosphères, suivant ce qu'exigera l'état du chemin et du train.

S'il faut arrêter brusquement, il fermera l'évacuation et on se retrouvera dans les conditions ordinaires du renversement de la vapeur.

(C'est par erreur que j'ai dit en commençant que le mécanicien devrait suivre la marche du manomètre de la chaudière), il faudra pour vos rampes de 15^{mm} une faible pression d'air derrière le piston, et l'air n'entrera pas dans la chaudière par le régulateur, qu'il ne pourra pas soulever.

Pour éviter l'inconvénient de l'échauffement des cylindres par l'air chaud de la boîte à fumée, il faudra ouvrir très-largement et peut-être augmenter le registre de rentrée d'air, et arrêter par tous les moyens possibles la combustion dans le foyer.

Peut-être même faudra-t-il arriver à une combinaison qui fasse entrer à la base du tuyau d'échappement de l'air frais ou de la vapeur venant de la chaudière, etc., etc. Mais tout cela sera à voir plus tard.

Ce qui presse pour le moment, c'est de voir s'il y a quelque chose à obtenir de mon robinet de décharge de l'air refoulé, ou faudra recourir à l'appareil plus compliqué de l'Ouest, sauf à rechercher plus tard les améliorations à apporter à l'un ou à l'autre.

Je crois que vous pouvez faire l'essai très-facilement et en quelques jours, en mettant un robinet sur la boîte du régulateur et en le faisant manœuvrer à la main par un homme monté sur l'avant de la machine.

Votre tout dévoué.

L. Le Chatelier.

Je vous serai obligé de me faire tenir au courant de la marche successive des essais, si vous jugez opportun de les faire. — Il sera bon, en cas même de demi-succès, de faire constater l'application. — Je ne sais pas si l'inventeur a pris des brevets en Espagne et si mon robinet rentre dans sa spécification.

2° M. Des Orgeries à M. Le Chatelier.

Madrid, 31 juillet 1865.

Monsieur l'Ingénieur en chef délégué,

Je vais faire faire l'expérience que vous me demandez, sur la marche à contre-vapeur, à la descente des fortes pentes, aussitôt après le voyage de la Reine, et je la recommanderai particulièrement à M. Germon, en l'absence de M. Ricour, que je prierai du reste, à son retour, de suivre les essais.

Votre très-humble et obéissant serviteur,

DES ORGERIES.

3° M. Ricour (par délégation du Directeur) à M. Le Chatelier.

Madrid, 14 septembre 1865.

MONSIEUR L'INGÉNIEUR EN CHEF DÉLÉGUÉ,

Suivant votre désir nous avons appliqué et expérimenté l'appareil-frein dont votre lettre du 28 juillet nous entretenait.

Deux voyages d'essai ont été faits et, malgré les quelques inconvénients remarqués, nous espérons trouver une combinaison qui nous permettra de faire fonctionner cet appareil dans de bonnes conditions; aussi avons-nous fait constater officiellement l'application par acte passé devant notaire.

L'appareil-frein à air a été établi sur la machine à marchandises nº 358 du dépôt de Madrid; il consistait en une petite soupape à vis mise en communication avec le tuyau de prise de vapeur et manœuvrée par un homme se tenant à l'avant de la machine, un manomètre était placé sur l'ajutage et en vue de la personne qui manœuvrait la soupape.

Cette disposition simple avait été prise pour ne pas retarder l'application de l'appareil.

Un premier voyage avait été fait sur le chemin de ceinture de Madrid. Cette partie de la ligne d'un parcours peu étendu, n'offre pas de pentes de fortes inclinaisons ni de grande longueur, mais, avant de nous engager dans le Guadarrama, nous étions désireux de savoir de quelle manière se comportait l'appareil et si les joints étaient en état de résister.

Un premier voyage d'essai fut fait au train 2 du 28 août. M. Germon y assistait avec le chef du dépôt de Madrid. Le train était composé de 18 voitures et l'appareil fût essayé de la Cañada à Madrid.

On reconnut que l'on obtenait un ralentissement convenable en maintenant la pression de l'air à 4 atmosphères environ et le levier de changement de marche au 3e ou 4e cran. Le ralentissement était doux et sans secousses, et le train lancé à sa vitesse réglementaire de 35 kilomètres à l'heure était parfaitement contenu par l'action du frein à air sans qu'il fût nécessaire de faire appel aux freins du train. Le frein du tender était seulement employé pour les arrêts dans les gares.

L'aiguille du manomètre oscillait d'une façon constante et régulière, l'amplitude des oscillations ne dépassait pas une atmosphère, et la pression a atteint 4 et 5 atmosphères et est arrivée accidentellement à 6.

Les précautions indiquées dans votre lettre, pour éviter autant que possible d'introduire dans les cylindres de l'air trop échauffé avaient été prises, le registre d'air était ouvert en grand ainsi que la porte du foyer. Cependant, après ce premier essai il a fallu refaire les garnitures du tuyau de prise de vapeur et toutes les garnitures des boîtes à étoupe, des tiges des pistons et des tiroirs qui étaient brûlées.

Un deuxième voyage d'essai fait le 30 août aux trains 2 et 5 composés de 24 voitures donna à peu près les mêmes résultats, le levier de changement de marche était placé au 3e ou 4e cran, comme dans l'essai précédent; dans ce nouvel essai les garnitures de boîtes à étoupe se sont encore brûlées et les tiges des pistons et des tiroirs paraissaient avoir été chauffées.

L'on a fait visiter l'intérieur des cylindres et les segments des pistons afin de voir si rien n'avait été grippé, aucune partie de ces pièces n'était attaquée et les cylindres avaient conservé un très-beau poli.

En résumé le résultat de ces deux essais a été satisfaisant et nous ne prévoyons jusqu'à présent comme inconvénient grave que l'échauffement des cylindres et tiroirs et la détérioration des garnitures des presse-étoupes.

Nous pensons du reste qu'il sera possible sans apporter de modifications importantes aux machines de remédier à ces inconvénients en ménageant si cela est nécessaire une entrée spéciale à l'air frais et en ayant recours à un mince jet de vapeur qui, introduit avec cet air dans les cylindres, les lubrifierait et éviterait le grippement de ces pièces.

Je suis avec respect, monsieur l'Ingénieur en chef délégué, votre très-humble et obéissant serviteur,

Pour le Directeur de la Compagnie,

L'Ingénieur en chef du matériel et de la traction,

TH. RICOUR.

4° M. Le Chatelier à M. Des Orgeries.

Paris, le 19 septembre 1865.

MON CHER CAMARADE,

Je vous remercie des renseignements que vous me communiquez relativement à l'emploi de la compression de l'air pour la descente des rampes.

Je crois que l'idée de M. Ricour de faire intervenir la vapeur est très-bonne.

Il faudrait faire arriver à la base du tuyau d'échappement un tuyau fermé par un robinet à la main du mécanicien, de petit diamètre, dans lequel la vapeur, étranglée à la sortie de la chaudière, se dilatera, se refroidira et se condensera en partie.

Les pistons en aspirant pour refouler ensuite dans la chaudière, trouveront dans le tuyau d'échappement un mélange d'air et de vapeur humide, qui probablement ne fera plus gripper les pièces.

La quantité de vapeur pourrait même être telle que l'air n'entrât plus dans les cylindres, et qu'il y eût constamment un échappement de vapeur par la cheminée. Ce serait une sorte de machine à vapeur inverse.

Mais il est probable que la solution pratique est dans un mélange, auquel les mécaniciens se feront promptement la main.

Il serait difficile de faire rentrer de l'air frais ; il faudrait pour cela avoir un registre au bas de chacune des branches du tuyau d'échappement ; ces registres fermeraient habituellement mal, et le tirage pourrait se trouver sérieusement gêné. — D'ailleurs la compression de l'air frais déterminerait toujours une forte élévation de température dans les cylindres.

Au lieu de vapeur on pourrait peut-être lancer un petit jet d'eau qui en frappant la paroi du tuyau d'échappement se pulvériserait ; il faudrait que cette eau fût très-propre et ce serait une complication que de la prendre dans le tender.

En résumé, c'est une question à travailler et qui est en bonne voie.

Votre tout dévoué,

L. LE CHATELIER.

5° M. Des Orgeries à M. Le Chatelier.

Madrid, le 30 septembre 1865.

MONSIEUR L'INGÉNIEUR EN CHEF DÉLÉGUÉ,

J'ai recommandé qu'on suive avec le plus grand soin les expériences sur l'emploi de la contre-vapeur comme moyen de régulariser la vitesse des trains dans les rampes sans avoir recours aux freins.

Mais pour éviter que cette affaire tombe dans le domaine public, il ressort nécessaire qu'on prît un brevet en Espagne. Si le brevet est déjà pris en France on ne peut prendre en Espagne qu'un brevet d'importation pour trois ou cinq ans. Mais dans tous les cas, il faut faire la demande en Espagne et déposer une description du procédé et un dessin des appareils.

Je vous prierai de vouloir bien me dire ce que vous avez fait à cet égard et ce que nous avons à faire. Si vous n'avez pas encore demandé de brevet en France nous pourrons vous envoyer la description de l'appareil que nous avons installé ici et nous pourrons remplir ici les formalités nécessaires à l'obtention du brevet.

Je suis avec respect,

Monsieur l'Ingénieur en chef délégué,

Votre très-humble et très-obéissant serviteur,

Le Directeur de la Compagnie,

DES ORGERIES.

6° M. Le Chatelier à M. Des Orgeries.

Paris, le 4 octobre 1865.

MONSIEUR DES ORGERIES,

Directeur de la Compagnie, à Madrid.

MON CHER CAMARADE,

Je réponds à la lettre que vous m'avez fait l'honneur de m'écrire le 30 septembre 1863, sur l'appareil que vous avez essayé pour régulariser la vitesse dans les descentes, sans avoir recours aux freins.

Je ne crois pas qu'il y ait matière à brevet; ce n'est guère là qu'une imitation simplifiée d'un système breveté en France. Cependant, je crois qu'il conviendrait de faire régulièrement constater nos essais en Espagne, afin que, si plus tard un brevet était pris par d'autres personnes en Espagne, on ne vînt pas nous gêner dans l'application en grand d'un système dont nous aurions été les inventeurs.

Votre tout dévoué camarade,

L'Ingénieur en chef délégué,

L. LE CHATELIER.

7° M. Ricour à M. Germon.

Madrid, 27 octobre 1865.

M. GERMON,

Ainsi que je vous l'ai dit à l'inspection du dessin que vous m'avez mis sous les yeux, la disposition projetée pour introduire de l'air frais dans le tuyau d'échappement est beaucoup trop compliquée pour le but à atteindre. Mon avis est que pour éviter la combustion des garnitures des boîtes à étoupes et le grippement des pièces, il est essentiel d'introduire dans les cylindres de l'air chargé de vapeur en plus ou moins grande quantité ou mieux encore de la vapeur seulement. Il me semble qu'une solution très-simple consisterait à faire déboucher un de nos tuyaux souffleurs à la base du tuyau d'échappement dans l'intérieur de ce tuyau. Le mécanicien manœuvrerait le robinet du souffleur de manière à maintenir un excès de vapeur dans le tuyau d'échappement. L'aspiration produite par les cylindres ferait entrer cette vapeur derrière les pistons et l'on serait à l'abri des inconvénients que produit l'air chaud chargé de cendres : on monterait ainsi bien réellement à contre-vapeur, avec le régulateur fermé.

Cette vapeur introduite par le tuyau d'échappement, traverserait les cylindres et serait refoulée dans le tuyau de frein de vapeur où on règlerait la contre-pression à l'aide de la soupape que vous avez installée sur ce tuyau de prise de vapeur.

Je désire bien vivement que ces essais soient faits avec toute l'activité possible.

L'ingénieur en chef,

Signé : RICOUR.

8° M. Ricour (par délégation de M. Des Orgeries) à M. Le Chatelier.

Madrid, 17 février 1866.

Monsieur l'Ingénieur en chef délégué,

Les premiers essais faits sur la ligne du Nord, en août dernier, avec l'appareil à contre-pression, montrèrent, comme l'indiquait notre lettre du 7 septembre, que l'appareil appliqué sur la machine 358 offrait l'inconvénient d'aspirer par le tuyau d'échappement et d'introduire dans les cylindres de l'air chaud et des gaz provenant de la combustion qui amenaient une prompte détérioration des garnitures en même temps qu'un échauffement rapide des pièces frottantes et par suite un grippement des cylindres et des tiroirs.

L'introduction de l'air frais dans la boîte à fumée par le registre d'air pouvait il est vrai combattre en partie les effets nuisibles de l'air chaud et des gaz, mais le volume d'air frais introduit ainsi était insuffisant pour éviter complétement les inconvénients que je viens de rappeler. Aussi dans les expériences faites à cette époque avec l'appareil ainsi installé, les garnitures des presse-étoupes étaient-elles complétement carbonisées et les pièces frottantes paraissaient avoir été échauffées.

Depuis l'appareil a été en partie modifié, l'appel de l'air se fait toujours par le tuyau d'échappement ; mais au lieu d'aspirer de l'air chaud seulement, l'on injecte en même temps dans les cylindres un jet de vapeur afin de lubrifier les pièces frottantes. Ce jet de vapeur placé au bas de la culotte d'échappement se mêle ainsi à l'air aspiré par les cylindres.

Les essais faits avec l'appareil ainsi modifié ont été continués dans le Guadarrama et ont donné des résultats satisfaisants, les pièces frottantes ne s'échauffent plus et les garnitures des presse-étoupes résistent à plusieurs voyages sans avoir besoin d'être renouvelées. Ces essais ont été suivis par le chef de dépôt de Madrid et M. Drouillard, inspecteur de la traction et ont donné lieu aux observations suivantes :

Dans le profil du Guadarrama, où il existe des pentes de plus de

18 millimètres la marche des trains composés de 11 à 15 voitures dont la vitesse réglementaire est de 30 à 35 kilomètres, peut être régularisée par l'emploi du frein à vapeur, aidé de temps en temps par le frein du tender. Pour les mêmes trains plus chargés, c'est-à-dire composés de 20 à 24 véhicules, l'effet du frein à vapeur n'est pas assez énergique et il est difficile de se rendre maître de la vitesse du train sans employer le frein du tender sur de longs parcours et faire appel aux freins du train. Pour se servir de l'appareil avec avantage et modérer la vitesse du train le mécanicien doit avoir soin de faire fonctionner l'appareil dès le commencement de la pente avant que l'accélération de la marche se soit produite.

Avec les trains de 11 à 15 voitures, en faisant monter la contre-pression jusqu'à égaler la pression dans la chaudière l'on est arrivé quelquefois, à arrêter les trains en gare sans se serv[illegible] du frein du tender.

Les oscillations de l'aiguille du manomètre indiquant la contre-pression varient suivant la vitesse du train de 1, 2 et 3 atmosphères, mais à des vitesses de 35 à 40 kilomètres il est impossible de noter l'amplitude des oscillations, les mouvements de l'aiguille étant trop précipités. Ces fortes amplitudes semblent démontrer que pour ces vitesses le réservoir d'air comprimé n'est pas suffisant pour donner une contre-pression à peu près constante.

Le levier de changement de marche était généralement placé au 9e, 8e ou 12e cran de la marche en arrière, et l'on évitait de se rapprocher des crans inférieurs parce que l'air comprimé soulevait les tiroirs.

Le mécanicien ayant été suivi pendant plusieurs voyages par les agents chargés de l'essai et étant familiarisé avec l'appareil, on le laissa libre de le faire fonctionner lui-même, mais il ne se servait de la contre-pression qu'avec répugnance à cause du bruit assourdissant fait par l'air et la vapeur sortant du tuyau d'échappement quoique le tuyau de l'échappement ait été porté jusqu'à la hauteur du chapiteau de la cheminée et surtout à cause de l'augmentation de consommation de combustible et de graissage.

L'augmentation de consommation de combustible a varié dans les essais de 200 à 300 kilogrammes de briquettes dans la descente de la Cañada à Madrid, l'appareil à contre-pression fonctionnant pendant une heure environ, (1) la vitesse variant de 30 à 35 kilomètres.

(1) L'expédition originale porte : *pendant de un heure.*

Les cylindres et tables de tiroirs demandent aussi à être graissés plus souvent et l'augmentation de graissage peut être évaluée pour le même voyage à un demi-kilogramme. L'augmentation de dépense par l'emploi du frein à vapeur est donc dans la descente du Guadarrama de :

42 f 50 de combustible.
2 50 de graissage.
45 f 00

Cette dépense qui serait à peu près la même dans la descente des Pyrénées est trop considérable pour qu'il y ait avantage à appliquer des appareils à vapeur sur toutes les machines circulant sur les deux profils accidentés de la ligne, et à les faire fonctionner d'une manière courante pour les substituer aux freins ordinaires; aussi devons-nous chercher à éviter d'injecter dans les cylindres une aussi forte quantité de vapeur. Je fais continuer les expériences dans ce but, et j'aurai l'honneur de vous faire connaître les résultats.

Je suis avec respect, Monsieur l'Ingénieur en chef délégué, votre très-humble et très-obéissant serviteur,

Pour le directeur de la Compagnie,

L'ingénieur en chef du matériel et de la traction,

TH. RICOUR.

9° M. Le Chatelier à M. Des Orgeries.

Paris, le 21 février 1866.

MONSIEUR DES ORGERIES,

Directeur de la Compagnie, à Madrid.

MON CHER CAMARADE,

J'ai l'honneur de vous accuser réception de votre lettre n° 2,089 du 17 courant.

Je crois dans ma correspondance antérieure vous avoir indiqué que c'était *de l'eau* ou de la vapeur qu'il faudrait prendre dans la chaudière pour rafraîchir les cylindres.

Je crois qu'un petit filet d'eau projeté par la pression avec violence et venant frapper une surface opposée produirait une sorte de brouillard aqueux qui serait plus efficace que la vapeur et qui économiserait la graisse et le combustible.

En tout cas je ne crois pas que le chiffre de 45 réaux que vous indiquez pour la dépense soit un obstacle à l'application. C'est en résumé 10 à 15 cent. par kilomètre à dépenser. Il reste à voir si la dépense d'entretien des bandages, lorsque l'on descend avec les freins, n'est pas plus importante que celle des consommations de la machine.

Votre tout dévoué camarade,

L'ingénieur en chef délégué,

L. Le Chatelier.

10° M. Des Orgeries à M. Le Chatelier.

Madrid, le 28 février 1866.

Monsieur l'Ingénieur en chef délégué,

J'ai l'honneur de vous adresser l'extrait d'une lettre personnelle que M. Ricour m'adresse de Valladolid.

(Suivent des détails étrangers à la contre-vapeur.)

Vous trouverez dans le même extrait une indication intéressante relativement à l'emploi de la contre-vapeur. Le service du matériel s'occupe très-sérieusement de cette question, au succès de laquelle s'intéressent vivement les mécaniciens eux-mêmes, qui voient souvent leur responsabilité compromise par l'apathie invincible des agents du train.

Le choc qui vient d'avoir lieu entre les trains 2 et 102 est venu montrer une fois de plus combien peu nous pouvons compter sur cette classe d'agents, et de quel intérêt est par suite l'application de la contre-vapeur, non-seulement dans les cas extrêmes, mais comme frein usuel.

Les essais du frein Guérin se poursuivent de leur côté, mais l'insuffisance de trafic, dans la région des Pyrénées, où se font ces essais, les paralyse en ce moment.

Votre très-humble et obéissant serviteur,

DES ORGERIES.

Extrait de la lettre de M. Ricour.

Valladolid, 27 février 1866.

Les essais de la contre-vapeur me conduisent à une solution d'une simplicité extrême : j'avais pensé d'abord que pour éviter l'introduction d'air sec dans les cylindres, il fallait, pour faire fonctionner l'appareil de M. Le Chatelier, produire un petit jet de vapeur dans le tuyau d'échappement : *M. Le Chatelier nous engage par sa dernière lettre à remplacer le jet de vapeur par un jet d'eau.* — Je suis conduit au contraire à remplacer le petit jet de vapeur par un jet plus abondant, à supprimer complétement l'appareil de M. Le Chatelier et à faire rentrer dans la chaudière une grande partie de la vapeur que je fais écouler par le tuyau d'échappement. C'est une installation qui coûtera moins de 100 fr. par machine et ne donnera lieu à aucune dépense supplémentaire de charbon ou d'huile. J'envoie M. Proveux faire l'essai dans les Pyrénées pendant que je le ferai dans le Guadarrama.

Signé : TH. RICOUR.

11° M. Le Chatelier à M. Des Orgeries.

Paris, 3 mars 1866.

MON CHER CAMARADE,

J'ai l'honneur de vous accuser réception de votre lettre 2,130 me portant copie d'une lettre de M. Ricour, dont un paragraphe nous parle des essais de marche à contre-vapeur dont il s'occupe sur ma demande.

M. Ricour m'avait signalé l'inconvénient de l'introduction de l'air sec dans les cylindres qui produisait très-rapidement le grippement. Je lui avais alors conseillé de saturer l'air d'humidité par un jet d'eau dans le tuyau d'échappement par lequel se fait la rentrée d'air dans la marche à contre-vapeur.

D'après les quelques mots qu'il vous écrit je comprends qu'au moyen d'un petit tuyau portant un robinet ouvert seulement pendant la marche à contre-vapeur, il met en communication le tuyau d'échappement avec l'intérieur de la chaudière même, l'appel du cylindre ne se fait plus dans l'atmosphère, mais dans la chaudière elle-même et qu'alors il arrive au cylindre de l'air mélangé de vapeur. De cette façon on forme un courant complet entre le cylindre et la chaudière, *le régulateur étant ouvert au lieu d'être fermé, comme dans ma combinaison primitive*; et dans la partie supérieure de l'échappement qui reste en communication avec l'atmosphère, il se maintient une colonne d'air qui reste immobile ou du moins oscille peu (voir le croquis ci-dessus). Si c'est en effet là la solution, je la trouve très-simple; mais avant que l'on fasse quelque chose *sur une grande échelle* je serais heureux de recevoir de M. Ricour un mot d'explication précise qui confirme ce que je décris plus haut, si j'ai bien compris; ou qui me donne des explications détaillées de ce que M. Ricour veut faire si je me suis mépris sur son intention.

Veuillez, je vous prie, lui transmettre mon désir (1).

Votre tout dévoué camarade,

L'Ingénieur en chef délégué,

L. Le Chatelier.

12° M. Ricour à M. Le Chatelier.

Madrid, 8 mars 1866.

Monsieur l'Ingénieur en chef délégué,

Les essais de l'emploi de la contre-vapeur que nous avons entrepris d'après vos conseils se font bien exactement comme vous le supposez dans la lettre que vous avez adressée à M. Des Orgeries à ce sujet; d'après le désir que vous avez bien voulu manifester, j'ai l'honneur de vous adresser ci-après quelques explications plus détaillées.

La prise de vapeur se fait sur la boîte du régulateur à l'aide d'un robinet que le mécanicien manœuvre, avec une tringle de transmission, de la même manière que le robinet du souffleur. La vapeur s'échappe dans un tuyau qui contourne la chaudière et aboutit à la base du tuyau d'échappement. L'appel des cylindres se fait ainsi dans la chaudière elle-même, dès que le robinet est suffisamment ouvert, le levier de changement de marche se trouvant selon la résistance qu'on veut obtenir au 3e ou 4e ou au 5e cran de la marche en arrière. Le régulateur est ouvert en

---

(1) Cette lettre avait été préparée par M. Guérin de Litteau, chef du matériel à la direction générale, auquel je venais d'expliquer ce qui se faisait en Espagne, et qui n'avait qu'imparfaitement compris mes explications. Comme son principal objet était de demander un rapport, je l'envoyai néanmoins, après avoir ajouté en marge les mots *soulignés*. L. L.

grand et la vapeur est refoulée dans la chaudière, de sorte qu'il s'établit un véritable circuit fermé ramenant la vapeur à son point de départ.

Dans le parcours de ce circuit la vapeur absorbe en réalité tout le travail qui correspond à la compression qu'elle subit dans les cylindres, de sorte qu'elle revient au point de départ à une température plus élevée; la tension de la vapeur dans la chaudière irait donc en s'élevant, à peu près comme cela se produit, avec une rapidité plus grande, lorsqu'on aspire de l'air sec par les cylindres. Mais on peut éviter facilement cet inconvénient, en faisant sortir de la chaudière plus de vapeur que les cylindres n'en peuvent aspirer; dans ces conditions il arriverait incessamment dans le tuyau d'échappement un petit excès de vapeur s'écoulant dans la cheminée, et il n'y aurait plus aucun appel d'air, la tension dans la chaudière étant d'ailleurs maintenue constante par une manœuvre convenable du robinet de prise de vapeur.

Dans un premier essai, ce robinet qui n'était autre qu'un robinet de souffleur et le tuyau à la suite présentaient une section trop faible, les cylindres aspiraient un mélange de vapeur et d'air, et la pression dans la chaudière s'élevait rapidement.

Je fais monter en ce moment un robinet de prise de vapeur de $0^m, 03$ de diamètre, avec un tube de $0^m, 045$; c'est un tube à air chaud qui a atteint la limite d'usure; ainsi que je l'ai indiqué plus haut, ce robinet est ajusté sur la boîte du régulateur comme un robinet de souffleur et se manœuvre de même; le tube qui fait suite au robinet vient se terminer à la culotte d'échappement. Les dimensions du robinet et du tube sont suffisantes pour que je puisse faire sortir au besoin de la chaudière plus de vapeur que les cylindres n'en peuvent aspirer.

Il est possible que la vapeur par son passage, depuis la boîte du régulateur jusqu'au tuyau d'échappement, à travers un tube de laiton qui n'a pas d'enveloppe se refroidisse suffisamment pour que la perte de chaleur fasse compensation avec l'élévation de température produite par la compression dans le cylindre, et qu'ainsi la tension dans la chaudière cesse de monter pour un appel de vapeur moins grand que je n'ai supposé. Dans quelques jours l'expérience m'aura éclairé sur ce point.

Si les essais réussissent, comme je l'espère, la combinaison de la marche à contre-vapeur avec l'emploi des freins Guérin à sabots en fonte aura pour effet de faire diminuer dans une forte proportion l'usure des bandages de nos tenders et de nos véhicules, usure aujourd'hui extrêmement rapide à cause des plats qui se produisent à la descente des longues pentes du Guadarrama et des Pyrénées. Le travail de la pesanteur sur ces pentes sera en quelque sorte utilisé pour combattre dans une certaine mesure les diverses causes de refroidissement de la chaudière au lieu de produire un frottement nuisible sur les roues et les rails.

Je suis avec respect, Monsieur l'Ingénieur en chef délégué, votre très-humble et obéissant serviteur,

TH. RICOUR.

13° M. Le Chatelier à M. Des Orgeries.

Paris, le 12 mars 1866.

MON CHER CAMARADE,

Je vous remercie de l'envoi que vous m'avez fait de la lettre de M. Ricour.

Je crois qu'il importe de prendre les mesures nécessaires pour que les essais faits par lui soient constatés dans les formes propres à empêcher des prises de brevet en Espagne et en France, ou ailleurs. — En Espagne, je crois qu'il suffit de faire constater la chose par un notaire. En France, il faut une publication ou une communication officielle.

Je crois qu'il faut que, aussitôt que M. Ricour aura fait un essai définitif et que les résultats en seront bien certains, il fasse un rapport sur la question.

Je soumettrai ce rapport au Conseil, pour lui faire connaître les résultats obtenus, et je me ferai autoriser à l'envoyer au Ministre des travaux publics, qui le fera examiner par la commission des freins, accidents, etc. Ce sera un bon point dans le dossier de M. Ricour au ministère.

Je prierai seulement M. Ricour s'il me nomme à l'occasion du point de départ de cet essai, de me désigner par mon nom seulement; je ne sais pas si je suis bien en règle, pour ce qui concerne le chemin du Nord, auprès du ministère, auquel je ne crois pas avoir notifié ma participation aux affaires espagnoles.

Je ne sais pas si M. Ricour ne se trompe pas sur un détail quand il dit :

« Le travail de la pesanteur sera en quelque sorte utilisé pour « combattre dans une certaine mesure les diverses causes du re- « froidissement de la chaudière, au lieu de produire un frotte- « ment nuisible sur les roues et les rails. » — C'est conforme à la théorie de l'équivalent mécanique de la chaleur, qui veut qu'à une certaine quantité de chaleur dépensée corresponde un certain travail produit *et vice versâ*. — Mais la vapeur pour sortir de la chaudière où elle est à 7 ou 8 atmosphères et tomber brusquement à la pression atmosphérique éprouve un rude frottement et doit laisser en route une bonne partie de la chaleur que la compression lui restitue.

S'il est constaté que, une certaine quantité de la vapeur se perdant par l'échappement de manière à ce qu'on soit bien assuré qu'il n'entre pas d'air dans le cylindre, et que la pression dans la chaudière croisse d'une façon beaucoup plus sensible que lorsque la descente a lieu le régulateur fermé et le levier de changement de marche au point mort ce sera très-intéressant.

Si le fait est assez saillant on pourrait faire un essai, dans un train à deux machines, en jetant le feu de la machine en expérience, au faite de la chaîne des Pyrénées, ou à la Cañada, la vapeur étant à la pression normale ; si la température et la pression dans la chaudière augmentent malgré la perte d'une quantité notable de vapeur par la cheminée, ce sera une des plus curieuses expériences faites sur la théorie mécanique de la chaleur.

Votre tout dévoué,

L. Le Chatelier.

14° M. Le Chatelier à M. Des Orgeries.

Paris, 14 mars 1866.

MON CHER CAMARADE,

La dernière lettre de M. Ricour sur les essais de contre-pression nous a complétement renseignés sur l'état de la question. Je crois que l'installation qu'il propose d'un large tuyau amenant la vapeur du régulateur à la base du tuyau d'échappement doit donner de très-bons résultats. On évitera ainsi l'échauffement du cylindre et l'augmentation croissante de pression dans la chaudière.

Satisfaisant à ce point de vue, ce système le sera moins au point de vue de l'utilisation théorique pour ainsi dire de la contre-pression. Avec lui en effet le piston aura d'un côté la pression de la chaudière ou à peu près, qui s'opposera à sa marche, et de l'autre côté aussi de la vapeur très-détendue à la vérité et peut-être même à la pression atmosphérique.

La perfection dans l'usage de la contre-pression consisterait à avoir le régulateur ouvert en grand, la marche renversée et le vide derrière le piston. Ne pourrait-on pas arriver à ce résultat en fermant aussi hermétiquement que possible le tuyau d'échappement pour empêcher les rentrées d'air aspiré par le piston. On pourrait mettre un tiroir au point du tuyau d'échappement où se réunissent les deux tuyaux venant des cylindres, ou mieux encore peut-être, mettre deux tiroirs aussi près que possible de l'orifice d'échappement des cylindres. Cela réduirait l'espace nuisible et permettrait peut-être d'obtenir un vide plus absolu derrière le piston.

Je vous prie de vouloir bien recommander à M. Ricour l'étude de cette solution, *à laquelle M. Noblemaire vient de songer et que je m'empresse de vous transmettre* (1).

Votre tout dévoué camarade.

L'ingénieur en chef délégué,

L. LE CHATELIER.

---

(1) Cette lettre a été préparée et écrite par M. Noblemaire de sa propre main ; elle répondait à un ordre d'idées particulier différent de celui au-

15° M. Ricour à M. Le Chatelier.

20 mars 1866.

MONSIEUR L'INGÉNIEUR EN CHEF DÉLÉGUÉ,

Comme il me faut encore sept à huit jours pour compléter les expériences sur l'emploi de la contre-vapeur, et que ce n'est qu'après les avoir complétées que je pourrais présenter le rapport que vous avez bien voulu demander, je pense que vous lirez avec intérêt les détails qui suivent sur une expérience que j'ai faite le 17 mars dernier.

L'essai a eu lieu au train nº 2, entre la Cañada et Robledo. — Le train se composait de 10 voitures à voyageurs, 2 fourgons et 12 wagons K chargés. Devant la machine à expérience se trouvait une machine du même type à 6 roues couplées. Cette seconde machine, munie d'un chasse-neige, venait de déblayer la voie; elle devait descendre jusqu'à l'Escorial pour remonter de nouveau jusqu'à la Cañada, afin d'empêcher la neige d'intercepter la circulation.

Le mécanicien qui était en tête du train avait ordre de tenir son régulateur fermé et son levier de changement de marche au 12ᵉ cran de la marche en avant.

Au départ, la pression de la machine à contre-vapeur était de 7 atmosphères et demie; le feu était très-bas; nous ne l'avons pas jeté, mais nous l'avons maintenu aussi faible que possible, de manière à pouvoir le remettre en état avant d'arriver à l'Escorial pour continuer ensuite jusqu'à Madrid sans la machine chasse-neige.

A la sortie du palier de la Cañada se trouve une pente de 10^{mm} sur environ 2 kilomètres; le train a promptement pris une vitesse convenable; nous avons alors dirigé le courant de

---

quel j'étais placé; M. Noblemaire ayant pris la peine de la préparer et insistant sur l'utilité de prendre en considération son point de vue, je la signai et l'envoyai à Madrid, mais en expliquant clairement par les mots *soulignés*, écrits de ma main en post-scriptum, qu'elle restait étrangère à la série de mes instructions et de mes observations sur ce sujet.

vapeur dans le tuyau d'échappement, placé le levier de changement de marche au 3e cran de la marche en arrière, ouvert en grand le régulateur. Selon les accidents du profil, nous avons déplacé le levier du 3e au 8e cran, nous avons parfaitement maintenu la vitesse, et l'arrêt dans la gare de Navalpéral s'est fait sans appeler aux freins et sans recourir au frein du tender. Nous avons descendu la pente avec la même régularité que si nous avions gravi une rampe, et nous nous sommes arrêtés avec la même facilité.

La pression de la chaudière a oscillé entre 7 atmosphères et 7 atmosphères et demie; nous avons fait fonctionner le Giffard pendant le trajet et nous n'avons rien remarqué de particulier. Si les cylindres avaient aspiré de l'air, le Giffard n'aurait pas fonctionné. La pression dans la chaudière était donc bien due à la vapeur et par suite, malgré l'absence presque totale de feu, la température n'avait pas baissé.

Nous avons maintenu constamment le robinet de prise de vapeur suffisamment ouvert pour écouler dans la cheminée un excès de vapeur. La vapeur paraît sortir de la cheminée d'une manière continue, malgré la vitesse variable avec laquelle les cylindres l'aspirent; le tuyau d'échappement forme une sorte de réservoir qui ne laisse échapper en quelque sorte que le trop plein moyen. Au fur et à mesure que l'on place le levier à un cran plus avancé de la marche en arrière, le volume de vapeur aspiré augmente régulièrement, et l'on est obligé d'ouvrir de plus en plus le robinet de prise de vapeur pour maintenir un léger courant dans la cheminée.

Au départ de Navalpéral jusqu'à 1,500 m de Las Navas la marche a continué avec la même régularité. L'entrée de la gare de Las Navas est très-dangereuse, parce que cette gare est sur un court palier qui coupe les pentes les plus considérables de la ligne. — Nous avons placé le levier au 12e cran, nous étions donc dans les conditions de la pleine contre-vapeur ; malgré cela la vitesse nous a gagnés; à 800m de la gare nous avons appelé aux freins, puis nous avons serré le frein du tender; il est probable que les garde-freins qui depuis Avila n'avaient eu rien à faire ne se trouvaient pas à leur poste ; le temps était froid et il tombait de la neige. — A l'entrée de la gare nous avons fait signe au mécanicien de la machine de tête de battre aussi contre-vapeur ; ce qu'il a fait et le train s'est arrêté un peu avant l'aiguille de sortie. — Sans le secours de la deuxième machine, nous dépassions la gare.

La pression de la chaudière était de 7 atmosphères et demie comme au moment du départ, et le feu était presque éteint. — Nous avons alors chargé quelques briquettes pour l'empêcher de s'éteindre tout à fait.

Les couvercles des boîtes des tiroirs étaient très-chauds. A la sortie de Las Navas, nous avons de nouveau dû marcher au 12e cran de la marche en arrière pour maîtriser la vitesse ; de petites fuites ont commencé à se produire à la boîte du tiroir de droite ; la vapeur sortait bleue. — Au bout de 2 kilomètres environ, les garnitures en chanvre se sont brûlées. Cependant aucune pièce n'avait grippé ; la chaleur produite était due entièrement à la compression éprouvée par la vapeur dans les cylindres au moment de l'admission directe de la vapeur de la chaudière ; j'estime que le levier étant au 12e cran, la température s'élève subitement à plus de 300°.

Je modifie un peu l'installation primitive de manière à la simplifier encore et d'injecter dans le tuyau d'échappement de la vapeur très-humide. — J'utilise l'un des robinets réchauffeurs pour la prise de vapeur, de sorte que je n'ai plus aucun robinet nouveau à mettre sur la chaudière.

La dépense de la modification ne dépassera pas 50 francs par machine, et je compte sur une économie de combustible, sur une économie considérable dans les bandages, et enfin sur une sécurité plus grande, parce que nous pourrons nous passer presque complétement des gardes-freins.

Je suis avec respect, Monsieur l'Ingénieur en chef délégué, votre très-humble et obéissant serviteur,

TH. RICOUR.

16° M. Ricour à M. Le Chatelier.

Madrid, 26 mars 1866

MONSIEUR L'INGÉNIEUR EN CHEF DÉLÉGUÉ,

Comme suite à ma dernière lettre, j'ai l'honneur de vous informer que les nouveaux essais que je viens de faire pour l'emploi de la contre-vapeur, sont entièrement concluants.

Le 22 et le 24 mars les trains n°s 2 et 5 ont été faits entre Avila et Madrid et inversement sans qu'aucun frein ait été serré ; le mécanicien a ralenti sa marche, s'est arrêté dans les gares, a conduit en un mot son train exactement comme il l'a voulu, aucune pièce de la machine n'a chauffé, aucune garniture n'a fui; les boîtes des tiroirs et les tiges n'étaient pas plus chaudes, lorsque la marche des tiroirs était renversée, que lorsqu'elle était directe.

La prise de vapeur est faite au robinet réchauffeur de droite ; le tuyau réchauffeur est remplacé par un tube de plus gros diamètre qui se replie le long de la chaudière et se bifurque sous la boîte à fumée; chaque branche se termine par un joint placé sur la face inférieure des conduits en fonte qui partent des cylindres et se réunissent dans la culotte d'échappement. Ces joints sont placés près des cylindres et j'obtiens par ce moyen la plus grande réserve possible de vapeur dans les conduits, de l'échappement. Cette réserve est utile pour couvrir les inégalités qui existent entre les volumes variables aspirés par les cylindres et le volume qui s'écoule de la chaudière avec une vitesse uniforme.

Pour empêcher la température de s'élever dans les cylindres au moment où la vapeur de la chaudière est admise directement dans ceux-ci et vient comprimer brusquement la vapeur aspirée, il est nécessaire que cette dernière vapeur soit chargée d'eau, la chaleur due au travail de compression est employée à vaporiser l'eau entraînée; il faut injecter dans ce but 10 à 15 grammes d'eau par cylindrée. — Pour remplir cette condition, il m'a suffi de faire déboucher dans mon gros tube de prise de vapeur le petit tube qui sert à purger le niveau d'eau ; la section est juste suffisante pour écouler l'eau nécessaire. — Le mécanicien a ainsi sous la main les deux robinets qu'il doit commencer par ouvrir dès qu'il veut renverser la marche. — Selon le cran où il place le levier, il ouvre plus ou moins le robinet réchauffeur de manière à ne pas perdre un trop grand excès de vapeur. Lorsque la pente est faible, on voit la pression s'élever dans la chaudière, ainsi que j'ai déjà eu l'honneur de le faire observer.

Nos machines sont munies d'appareils Giffard, et comme l'eau du tender ne doit pas être chauffée à une température trop élevée, l'un des deux robinets réchauffeurs est entièrement inutile ; le mécanicien ne les ouvre jamais simultanément. — La destination nouvelle donnée à l'un de ces deux robinets n'offre donc aucun inconvénient.

Je m'empresserai de commencer aujourd'hui le rapport plus détaillé qui résumera les expériences faites et les résultats obtenus.

Je suis avec respect, Monsieur l'Ingénieur en chef délégué, votre très-humble et obéissant serviteur,

Th. Ricour.

17° M. Des Orgeries à M. Le Chatelier.

Madrid, 16 juillet 1866.

Monsieur l'Ingénieur en chef délégué,

En réponse à votre lettre n° 1521 du 8 juillet, j'ai l'honneur de vous informer que les machines mixtes et les machines à 6 roues couplées du dépôt de Madrid, au nombre de 17, sont toutes munies du tube d'inversion et fonctionnent régulièrement dans le Guadarrama.

Le montage de l'appareil se fait actuellement aux machines à 8 roues couplées et, dans une dizaine de jours, le travail sera terminé. 20 appareils nouveaux, destinés aux machines des Pyrénées, sont en cours d'exécution dans les ateliers.

Des expériences spéciales pour chaque machine déterminent les quantités de vapeur et d'eau qui s'écoulent dans le tube d'inversion ; les résultats obtenus diffèrent en général peu d'une machine à l'autre.

La pression dans la chaudière étant de 8 atmosphères, et le robinet de vapeur étant seul ouvert, le poids de vapeur écoulé par minute est de 13^{k}500 ; le robinet d'eau étant seul ouvert, le poids d'eau écoulé par minute est de 7^{k}500 ; enfin, les deux robinets étant ouverts simultanément, les poids de vapeur et d'eau écoulés par minute sont de 19^{k}500.

La somme des écoulements d'eau et de vapeur, pendant une minute, quand ces écoulements sont indépendants, donne 21^{k}000. Cette somme est supérieure de 7 0/0 seulement au poids du mélange de vapeur et d'eau écoulé en une minute ; il résulte de là que dans ce mélange les proportions d'eau et de vapeur ne doivent pas différer notablement des proportions qui existent entre les poids écoulés séparément.

Les clefs des deux robinets portent chacune une aiguille qui se meut sur un cadran divisé en cinq parties égales : la division 0 correspond au point où l'écoulement commence; la division 5, à l'ouverture complète. Selon le degré d'ouverture des deux robinets les écoulements de vapeur et d'eau et du mélange de vapeur et d'eau sont les suivants par minute pour une pression de 8 atmosphères.

OUVERTURE DES ROBINETS. NUMÉROS DES DIVISIONS	POIDS ÉCOULÉS PAR MINUTE UN SEUL ROBINET OUVERT.		POIDS du MÉLANGE ÉCOULÉ par minute, 2 robinets ouverts simultanément.
	VAPEUR SEULE.	EAU SEULE.	
	kil.	kil.	kil.
1	1 75	1 50	3 00
2	5 75	3 50	9 00
3	10 00	6 00	15 00
4	12 25	7 25	18 00
5	13 50	7 50	19 50

Les deux manettes des robinets sont reliées par une petite bielle et le mécanicien ouvre par un seul mouvement les deux robinets simultanément de la quantité nécessaire pour maintenir un petit écoulement de vapeur dans la cheminée.

L'appareil à contre-vapeur donne bien exactement tous les résultats prévus; il n'en est pas de même pour les freins Guérin. — Les arbres de ces freins ont été fabriqués avec de très-mauvais fers, et les soudures des leviers ont été très-mal faites. Sous la pression considérable exercée sur les tampons pendant la marche à contre-vapeur, les leviers se cassent et les freins cessent de fonctionner. Un autre inconvénient auquel il est moins facile d'apporter remède résulte de la perte de flèche que subissent les ressorts de traction. Ces ressorts sont trop faibles pour les charges que nous remorquons sur nos fortes rampes. Ces pertes de flèche s'opposent au fonctionnement régulier de l'appareil d'enclenchement. Afin de tirer parti des appareils automoteurs que nous possédons actuellement, nous serons probablement conduits à augmenter un peu la bande initiale des ressorts de rappel, et à supprimer complétement l'appareil d'enclenchement. Cette simplification est rendue possible par l'emploi de la contre-vapeur qui permet de développer sur les tampons une pression suffisante pour qu'on puisse sans inconvénient diminuer la sensibilité du frein automoteur.

Au fur et à mesure que des résultats satisfaisants seront obtenus par le fonctionnement de ces freins, j'aurai l'honneur de vous en informer.

Je suis, etc.

Le directeur de la Compagnie (1).

18° M. Ricour à M. Germon.

23 octobre 1866.

M. Germon,

Dans les essais de contre-vapeur que j'ai faits dans les Pyrénées, j'ai constaté que l'injection d'eau obtenue à l'aide des appareils tels qu'ils sont montés sur la plupart des machines est moitié environ de celle qu'il faut obtenir.

Dans l'expérience faite avec la machine 500 (528 je crois) dont le tuyau d'eau a été augmenté, les résultats obtenus ont été bons; il n'y a donc qu'à augmenter la section des petits tuyaux et robinets des autres machines de 1 à 2 millimètres environ de manière à doubler le volume d'eau. Il est possible que dans le dépôt de Madrid, soit par suite d'incrustations ou d'obstructions des tuyaux

---

(1) Cette lettre est écrite de la main de M. Ricour et a été transmise avec une fiche portant de la main de M. Des Orgeries : « M. Le Chatelier. « Cette note m'est remise par M. Ricour en réponse à votre lettre du « 8 courant. »

d'eau, la même nécessité se fasse sentir. — S'il y a encore des garnitures carbonisées, il faut avoir bien soin de le faire constater, il n'y a pas autre chose à faire que d'augmenter un peu la section d'écoulement de l'eau. L'écoulement de vapeur est parfaitement convenable.

Nous éviterons facilement l'inconvénient de mouiller le mécanicien, soit à l'aide de lunettes pour lesquelles nous avons un crédit, soit à l'aide d'une légère modification dans l'implantation des bouts des deux branches du tube sur les conduits de l'échappement.

L'ingénieur en chef,
Signé : TH. RIGOUR.

Paris. — Imprimerie Paul Dupont, rue Jean-Jacques-Rousseau, 41 (533.3.9).

l'eau, la même nécessité se fasse sentir. — S'il y a encore des garnitures carbonisées, il faut avoir bien soin de le faire constater; il n'y a pas autre chose à faire que d'augmenter un peu la section d'écoulement de l'eau. L'écoulement de vapeur est parfaitement convenable.

Nous éviterons facilement l'inconvénient de mouiller le mécanicien, soit à l'aide de lunettes pour lesquelles nous avons [illegible] dit, soit à l'aide d'une légère modification dans l'implantation des bouts des deux branches du tube sur les conduits de l'échappement.

L'Ingénieur en chef,

Signé : Th. Ricour.

Paris. — Imprimerie Paul Dupont, rue Jean-Jacques-Rousseau 41 [illegible]

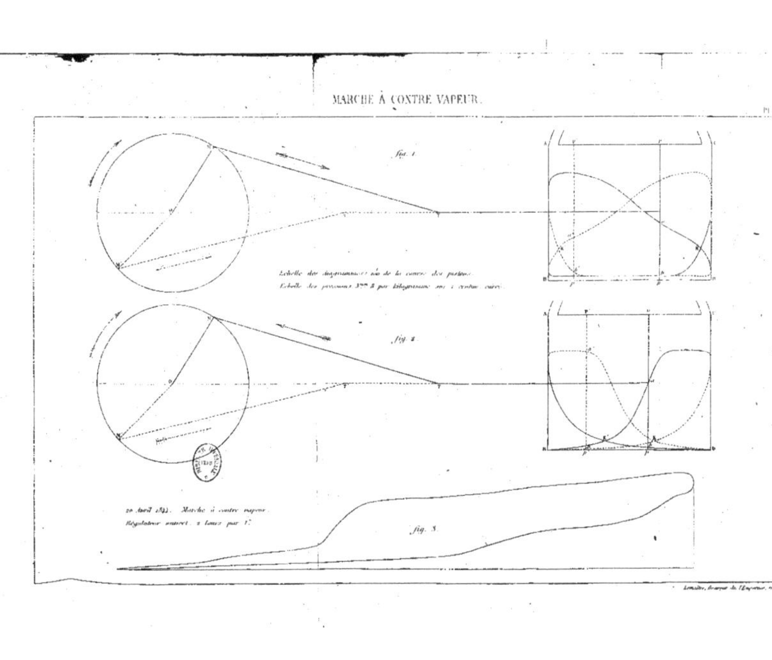
fig. 1
fig. 2
20 Avril 1842. Marche à contre vapeur.
Régulateur ouvert. 2 tours par 1".
fig. 3

MARCHE À CONTRE VAPEUR.

Pl. 2

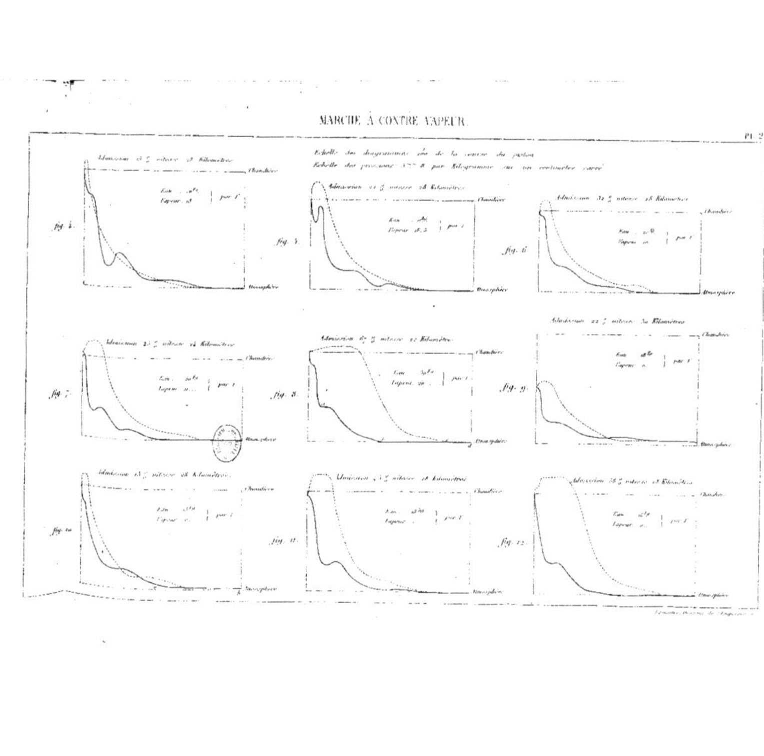

www.ingramcontent.com/pod-product-compliance
Ingram Content Group UK Ltd.
Pitfield, Milton Keynes, MK11 3LW, UK
UKHW020548180726
13838UKWH00001B/113